Katharina Henne & Lore Otto

HAMBURGS WILDE KÜCHE

Was wächst denn da & wie kann man es ERKENNEN?

Herbst-Heft: *Früchte*

Mit Zeichnungen von
Maria Weninger

KJM Buchverlag

Die Reihe

HAMBURG PARADIES

wird herausgegeben
von Klaas Jarchow

Mehr zu den Büchern des KJM Buchverlags
www.kjm-buchverlag.de

Der Inhalt dieses Heftes ersetzt keine eigene Bestimmung von Pflanzen und Klärung von deren Essbarkeit!

Fotonachweis: Christof Henne: *S. 9 o., 53 o.*
www.eggert.baumschulen.de S. 19 o.; www.Gartenzauber.com S. 19 u.
Alle anderen Fotos stammen aus dem Archiv der Autorinnen

1. Auflage, März 2016

Simrockstr. 9a, 22587 Hamburg
www.jarchow-media.de
ISBN 978-3-945465-18-9

Lektorat: Kay Dohnke, Hamburg
Herstellung, Satz und Gestaltung: Eberhard Delius, Berlin
Bildbearbeitung: Reihs Satzstudio, Lohmar
Druck und Bindung: Oktoberdruck, Berlin
Printed in Germany

Den Grünen Blog der Autorinnen findet man hier:
www.blog.hamburgparadies.de

INHALT

EINFÜHRUNG

Das Früchtejahr beginnt in Norddeutschland mit Erdbeeren im Juni und endet mit Schlehen im Oktober/November. Die Pflanzen haben geblüht, sind bestäubt worden und haben Samen gebildet. Jetzt suchen sie nach »Hilfskräften«, die die Samen möglichst weit weg von der Mutterpflanze an einen neuen Ort bringen. Dabei muss man diese Leistung den tierischen Helfern natürlich schmackhaft machen: Und so bilden die Pflanzen rund um die Samen süßes Fruchtfleisch aus, das die Belohnung für diese Dienstleistung darstellt.

Wenn dann der tierische Helfer die Frucht mit Samen gefressen und verdaut hat, lässt er die unverdaulichen Teile (im Idealfall für die Mutterpflanze) mit etwas Dünger an anderer Stelle wieder fallen. So kann sich die Pflanzenart verbreiten und neue Lebensräume besiedeln.

Früchte sind für uns die kulinarische Freude in der zweiten Hälfte der Vegetationsperiode. Wir ernten die Früchte der Pflanzen, die locker zu erreichen sind, und gönnen die für uns unerreichbaren Früchte den Tieren. Dabei gilt auch hier Rücksichtnahme auf Mutterpflanze und Umgebung.

Früchte eignen sich aber nicht nur frisch zum Naschen, sondern können auch in der Küche auf unterschiedliche Weise haltbar gemacht werden und uns so durch den Winter begleiten. Marmeladen, Chutneys oder Liköre eignen sich hervorragend als Mitbringsel zu den Festtagen oder auf dem Esstisch als Erinnerung an den Sommer. Aber auch eingefroren zur späteren Verwendung für Wilde Rote Grütze, Fruchtsaucen oder andere Süßspeisen.

Allerdings ist Vorsicht geboten: Nicht alles, was lecker aussieht, ist auch problemlos essbar, selbst wenn Tiere es vertragen. Darum ist beim Sammeln und Ernten ein genaues Hinschauen wichtig, um unangenehme Überraschungen oder gar Verwechslungen mit unbekömmlichen oder gar giftigen Früchten auszuschließen.

GRUPPENEINTEILUNG

Herbstliche Schätze

Hier wird's persönlich: Das sind unsere Schätzchen. Diese wilden Früchte schmecken gut und lassen sich vielfach in der Küche einsetzen.

Essbare Exoten

In Gärten und Parks finden sich oft Pflanzen, die aus fremden Ländern kommen und wegen ihrer Ästhetik angepflanzt wurden. Viele kann man aber auch in der Küche verwenden.

Gefährliche Früchtchen

Nicht alles, was gut aussieht, ist auch gut für die Gesundheit. Diese Pflanzen sollte man kennen, um die anderen sicher zu ernten.

Wehrhafte Köstlichkeiten

Um an diese Früchte zu kommen, muss man vorsichtig ernten, denn sie wissen sich mit ihren Dornen und Stacheln zu schützen.

Leckere Waldbewohner

Der Wald hat aromatische Schätze zu bieten, die sich sehr gut pur zum Naschen eignen.

Fruchtige Nebendarsteller

Für eine Hauptrolle sind diese Früchte nicht geeignet, da ihr Geschmack entweder nicht intensiv genug oder (Vogelbeere) Geschmackssache ist. Sie können aber als Beimengung zu anderen Früchten Gerichte bereichern.

Wildfrüchtemischung

Holunder

Schwarzer Holunder, Holunderbusch, Fliederbeerbusch *Sambucus nigra* L.

Geißblattgewächse, *Caprifoliaceae*

Erkennungsmerkmale

- großer Strauch oder kleiner Baum bis 7 m Höhe
- Äste mit weichem weißen Mark
- unpaarig gefiederte Blätter mit etwas unangenehmem Geruch
- im Mai bis Juni / Juli gelblichweiße, intensiv duftende Blüten in flachen, großen, doldenähnlichen Blütenständen
- ab August dunkelviolette bis schwarze Früchte, die stark färbenden, tiefroten bis violetten Saft enthalten; Einzelfrüchte 5–7 mm kugelige, beerenartige Steinfrüchte

Verwechslungsgefahr

Der **Attich** oder **Zwergholunder** *(Sambucus ebulus* L.*)* hat zwar auch weiße Blütendolden und schwarze Früchte, ist aber nicht verholzt (!) und bleibt kleiner. Er ist leicht giftig. Der **Trauben-** oder **Hirschholunder** *(Sambucus racemosa* L.*)* blüht ebenfalls weiß, hat aber rote Früchte. Die Früchte sind auch mit denen des giftigen Ligusters (s. S. 28) zu verwechseln. Form der Fruchtstände und die gefiederten Blätter beachten!

Fundorte

Der Schwarze Holunder kommt frei wachsend in Knicks und an Waldrändern vor. Er ist aber auch eine alte Kulturpflanze, die man seit Jahrhunderten in Bauerngärten und in neuerer Zeit in Parks angepflanzt hat.

Ernte

Die Blüten sammelt man am besten im Juni, wenn sie gerade aufgeblüht sind und ihren intensiven Duft verströmen. Die Früchte reifen innerhalb eines Fruchtstandes oft etwas ungleichmäßig ab Ende August und lassen sich meist im September gut pflücken.

Schwarzer-Holunder-Blüten

Schwarzer-Holunder-Früchte

Trauben-Holunder-Früchte

Nutzung

Die Früchte des Schwarzen Holunders sind erst nach dem Kochen genießbar. Im rohen Zustand verursachen sie durch das giftige Sambunigrin in größeren Mengen Unwohlsein und Magenbeschwerden. Die kleinen Kerne entfernt man am besten, indem man die gekochten Früchte durch die Flotte Lotte mit feiner Scheibe passiert. Das gewonnene Mark hat ein ganz charakteristisches Aroma und nur wenig Fruchtsäure. Es lässt sich zu Gelees, Nachspeisen, Punsch und mit säuerlichen Früchten zu Konfitüren und Chutneys verarbeiten.

Rezept

Aus den Blüten lässt sich ganz leicht der bekannte HOLUNDERBLÜTENSIRUP herstellen (s. *Hamburgs Wilde Küche*, S. 51). Man kann die Blütenstände aber auch in Teig ausbacken oder Gelees und Süßspeisen damit aromatisieren. Typisch norddeutsch ist die sogenannte FLIEDERBEERSUPPE MIT SCHNEEKLÖSSCHEN (s. *Hamburgs Wilde Küche*, S. 52).

Kornelkirsche

Kornelkische in Blüte

Gelber Hartriegel

Cornus mas L.

Hartriegelgewächse, *Cornaceae*

Erkennungsmerkmale

- 6–8 m hoher Strauch oder Baum
- wie auch andere Hartriegel gegenständig angeordnete, eiförmig zugespitzte Blätter mit parallelen Blattadern, glänzend grün
- im zeitigen Frühjahr vor dem Laubaustrieb leuchtend gelbe Blüten in kleinen kugeligen Büscheln
- kräftig rote, 1–2 cm lange, deutlich gestielte Früchte

Fundorte

Die Kornelkirsche wächst in Hecken und an Waldrändern. Sie wird als robustes Gehölz mit attraktiver Blüte und hübscher Herbstfärbung aber auch gerne in Parks, Grünzügen u. Gärten angepflanzt.

Verwechslungsgefahr

Die Früchte ähneln auf den ersten Blick den roten Beeren der giftigen **Heckenkirsche** (s. S. 24), unterscheiden sich aber deutlich durch ihre längliche Form und den prägnanten Stiel.

Ernte

Die Früchte eines Baumes reifen nicht gleichzeitig, sondern ab Mitte August oft über einige Wochen bis Ende September. Sind sie wirklich reif, fallen sie sofort zu Boden. Daher lassen sie sich am besten ernten, indem man ein großes Tuch unter den Baum legt und ihn dann schüttelt. Kornelkirschen schmecken fruchtig-süß mit einer leicht herb-säuerlichen Note.

Nutzung

Kornelkirschen schmecken nicht nur frisch vom Baum köstlich, sie lassen sich auch sehr vielseitig verwerten. Gekocht und durch die Flotte Lotte passiert, schmeckt das Fruchtmus lecker als Brot-

Früchte der Kornelkische

aufstrich, im Joghurt oder zu Käse. Man kann aus Kornelkirschen aufgesetzten Likör, allein oder mit anderen Früchten Konfitüren, Essig und Saft herstellen.

Rezept
Der intensiv-aroma - tische Geschmack eignet sich hervorragend als Grundlage für eine pikant-fruchtige KORNEL-CUMBERLAND-SAUCE, die sowohl zu sommerlichen Grill-gerichten als auch zu diversen Käsesorten passt (s. S. 58).

Kirschpflaume

Wildpflaume, Blutpflaume (mit dunkelrotem Laub)
Prunus cerasifera EHRH.
Rosengewächse, *Rosaceae*

Erkennungsmerkmale

- sommergrüner, manchmal bedornter großer Strauch oder kleiner Baum bis ca. 8 m Höhe
- wechselständige, elliptische bis eiförmige Blätter
- im März / April einzeln stehende, weiße oder rosa Blüten vor oder mit den ersten Blättern
- je nach Sorte grünlichgelbe, rötlich bis bläulich überlaufene oder dunkelviolette, rundliche bis eiförmige, bis zu 3 cm große Steinfrüchte

Fundorte

In Gärten oder Parks wird die Kirschpflaume oft als Zierstrauch oder Kleinbaum angepflanzt, besonders die sogenannte Blutpflaume mit ihrem dunkelroten Laub. Sie trägt allerdings meist deutlich weniger Früchte. Manchmal trifft man auch in der freien Landschaft an Weg- und sonnigen Waldrändern auf die Kirschpflaume.

Verwechslungsgefahr

Die Früchte ähneln auf den ersten Blick den roten Beeren der giftigen **Heckenkirsche** (s. S. 24), unterscheiden sich aber deutlich durch ihre längliche Form und den deutlichen Stiel.

Ernte

Die Früchte der Kirschpflaume reifen je nach Sorte von Juli bis September. Der Zeitabstand zwischen noch grün und hart und schon reif, abgefallen und matschig ist kurz. Die meisten Kirschpflaumen-Sorten schmecken süßsauer mit einer deutlich pflaumig-herben Note. Es gibt aber auch mehlige Sorten mit wenig Säure.

Fotos: Blutpflaume im Park
Kirschpflaumen am Zweig
Kirschpflaumen (apricotfarben)
Blutpflaumenfrüchte

Nutzung

Ein Entsteinen der Kirschpflaumen per Hand ist unmöglich – im Gegensatz zu den sonst ähnlichen, runden gelben Früchten der Mirabelle *(Prunus domestica* L.*)*. Entweder es gibt Kirschpflaumen-Kompott mit Kernen, oder man passiert die Früchte durch die Flotte Lotte. Das Fruchtmark kann man als Grundlage für fruchtige Saucen, für Konfitüren, Süßspeisen oder Suppen verwenden.

Rezept

Besonders gut gefällt uns die fruchtig-salzige Kombination vom WILDEN PFLAUMENSÜPPCHEN MIT PETERSILIENWURZELN (s. *Hamburgs Wilde Küche*, S. 85).

Walnuss

Walnussbaum

Juglans regia L.
Walnussgewächse, *Juglandaceae*

Erkennungsmerkmale

- bis 30 m hoher, ausladender Baum mit im Alter grauer, rissiger Rinde
- unpaarig gefiederte, kräftig grüne, glänzende Blätter
- unauffällig gelb-grünliche Blüten im April / Mai
- grüne Steinfrucht mit aufspringender Außenschale. Der innere Kern mit harter, brauner Schale ist im Handel als Walnuss erhältlich

Fundorte

Walnussbäume wachsen in lichten Wäldern. Bei uns werden sie aber vorwiegend als Einzelbäume in Parks oder großen Gärten angepflanzt.

Ernte

Die unreifen, noch grünen Früchte können im Juni/Juli gesammelt werden. Die Walnusskerne reifen ab September. Wenn sie luftig und trocken aufbewahrt werden, kann man sie lange lagern. Walnüsse schmecken nussig mit einer leichten Bitterkomponente.

Nutzung

Mit den noch grünen, unreifen Walnüssen lässt sich ein köstlicher Likör aufsetzen. Die reifen Nüsse schmecken genauso gut pur als gesunde Nascherei wie auch im süßen Gebäck oder als Bereicherung salziger Gerichte.

Rezept

Ein immer wieder gern gegessenes herbstlich-winterliches Hauptgericht sind die herzhaften WALNUSS-SELLERIE-BACKLINGE (s. *Hamburgs Wilde Küche*, S. 57).

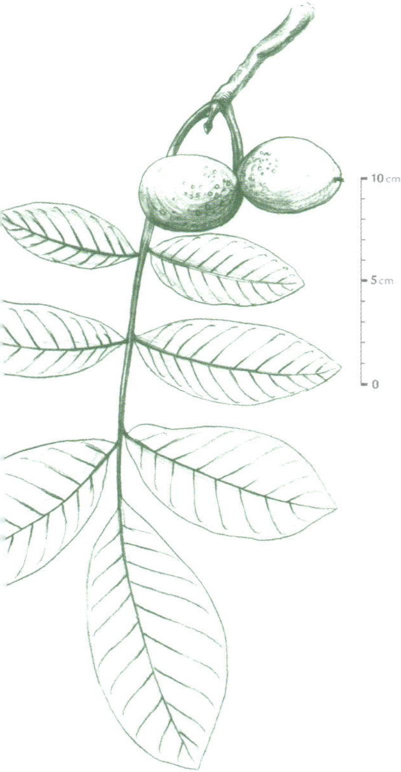

Fotos, von oben:
Walnussblätter
Grüne Frucht der Walnuss
Walnüsse

Essigbaum

Hirsch-Kolbensumach

Rhus typhina syn. *hirta* L.
Sumachgewächse, *Anacardiaceae*

Erkennungsmerkmale

- mittelgroßer Baum oder Strauch von 3–5 m Höhe mit langen unpaarig gefiederten Blättern
- samtig-dichte Behaarung bes. der jungen braunen Zweige
- auffällige Herbstfärbung von Gelb über Orange bis zu einem leuchtenden Rot
- im Juni grünlichgelbe endständige Blütenstände (männliche und weibliche auf getrennten Pflanzen)
- Steinfrüchtchen in dunkelrotem, dicht behaarten kerzenförmigen Fruchtstand

Fundorte

Der aus dem östlichen Nordamerika stammende Essigbaum wurde wegen seiner schönen Herbstfärbung in vielen Parks und Gärten angepflanzt.

Ernte

Die Früchte des Essigbaums reifen ab August bis in den Herbst. Sie bleiben oft bis weit ins nächste Jahr am Baum stehen. Ihr Geschmack ist intensiv sauer.

Nutzung

Wenn man die kleinen haarigen Steinfrüchte in Wasser einlegt, geben sie ihre Säure an die Flüssigkeit ab.

Rezept

Eine rosarote ESSIGBAUM-SCHORLE ist an einem heißen Sommertag herrlich erfrischend (s. *Hamburgs Wilde Küche,* S. 45).

Essigbaum-Früchte

Essigbaum
in Herbstfärbung

Felsenbirne

Kupfer-Felsenbirne, Korinthenstrauch

Amelanchier lamarckii F. G. SCHROEDER
Rosengewächse, *Rosaceae*

Erkennungsmerkmale

- 5–6 m hoher, locker aufrecht wachsender Strauch mit kupferrotem Blattaustrieb
- ovale, fein gesägte, bis 5 cm lange Blätter
- im April üppig blühend mit weißen, aufrechten bis nickenden Rispen
- gelb- bis leuchtend rote Herbstfärbung
- violettrote bis dunkelpurpurne, bereifte, etwa erbsengroße Früchte

Felsenbirnenblätter

Verwechslungsgefahr

Die Früchte des **Faulbaumes** (*Frangula alnus* MILL.) haben Ähnlichkeit mit denen der Felsenbirne. Die Blätter des Faulbaumes sind aber nicht abgerundet, sondern haben immer eine deutliche Blattspitze. Die Blattränder des Faulbaums sind stets glatt, die der Felsenbirne fein gesägt. Der Faulbaum ist giftig (Durchfall).

Fundorte

Die Kupfer-Felsenbirne stammt aus den Laubmischwäldern Nordamerikas – wie auch die meisten anderen Felsenbirnenarten. In Deutschland wird sie als anpassungsfähiges Gehölz mit schöner Blüte und Herbstfärbung gerne in Parks, gemischten Hecken, als Straßenbegleitgrün und in Gärten angepflanzt.

Ernte

Reifezeit der beerenartigen Apfelfrüchte der Felsenbirne ist Juli / August. Sie schmecken süß und saftig. Sie besitzen keinen ausgeprägten Eigengeschmack und haben wenig Säure. Da die Früchte bei Vögeln (bes. Amseln) sehr begehrt sind, sollte man sie ernten, sobald sie sich von rot zu blauviolett verfärbt haben.

Felsenbirnenfrüchte

Felsenbirnenfrüchte

Nutzung

Die Felsenbirnen sind im Park und im Garten unkomplizierte Naschfrüchte frisch vom Strauch. Sie lassen sich Mischfruchtkonfitüren zur Verbesserung der Farbintensität zusetzen. Zusammen mit anderen säurehaltigen Früchten ergeben sie leckere Muse oder Gelees. Auch andere Felsenbirnenarten sind genauso verwendbar.

Rezept

Frisch oder getrocknet als »Korinthen« setzen sie interessante Akzente in FRUCHTKOMPOTTEN.

Mahonie

Mahonia aquifolium (PURSH) NUTT.
Berberitzengewächse, *Berberidaceae*

Erkennungsmerkmale
- bis 1,5 m hoher, immergrüner Strauch
- wechselständige, unpaarig gefiederte, oberseits glänzende, ledrige Blätter mit dornig gezähnten Blatträndern
- im April / Mai kleine gelbe, duftende Blüten in vielblütigen Trauben
- bis 1 cm große, kugelige bis ovale schwarze, hellblau bereifte Beeren

Fundorte
Die ursprünglich aus dem westlichen Nordamerika stammende Mahonie ist ein robuster Strauch, der bestens mit den Boden- und Klimabedingungen in der Stadt klarkommt. Daher wird sie häufig in Parks, sogar in Kübeln an Straßen gepflanzt. Für den Garten gibt es besonders reich fruchtende, wohlschmeckende Sorten.

Ernte
Die Beeren der Mahonie reifen ab August. Sie bleiben aber oft bis weit in den Herbst am Strauch. Sie sind sehr saftig und schmecken zunächst zitronig-säuerlich. Später im Herbst nimmt die Säure ab. Der dunkelpurpurne Saft der Beeren färbt stark.

Nutzung
Der Verzehr größerer Mengen roher Mahonienbeeren kann zu Magenverstimmung führen. Daher sollte man die Früchte vor der Verwertung aufkochen und durch die Flotte Lotte passieren, um die Samen zu entfernen. Der Saft bzw. das Mus der Beeren kann anderen Fruchtmischungen als Säure- und Farbkomponente zugesetzt werden, um Gelees, Konfitüren und Kompotte herzustellen. Süßspeisen mit Milchprodukten erhalten durch Mahoniensaft eine besondere geschmackliche Note.

Mahonienlaub und -früchte
Mahonienfrüchte

Rezept
Kombinieren Sie doch einmal Holunder- und Brombeeren mit Mahonienbeeren zu einem intensivvioletten herbstlichen WILDFRUCHT-GELEE.

Zierquitte

Japanische Scheinquitte

Chaenomeles japonica (THUNB.) SPACH
Rosengewächse, *Rosaceae*

Erkennungsmerkmale

- 1,50 m hoher Strauch mit dornigen Trieben
- wechselständige, breit eiförmige, bis 5 cm lange Blätter mit nierenförmigen, stängelumfassenden Nebenblättern
- im März/April orangefarbene bis hellrote, 2–4 cm große Blüten
- grün- bis orangegelbe, rundliche oder birnen- bis walzenförmige, bis 5 cm große Früchte mit Rippen oder Furchen, aber glatter Schale

Fundorte

Die ursprünglich aus Japan und Ostchina stammende Zierquitte wird häufig als pflegeleichter, attraktiver Strauch in Parks, Gärten und sogar als Straßenbegleitgrün angepflanzt.

Verwechslungsgefahr

Die Früchte der ähnlichen **Chinesischen Scheinquitte** (*Chaenomeles speciosa* (SWEET) NAKAI) ist ebenfalls essbar.

Ernte

Die Früchte der Zierquitte reifen im September bis Oktober. Sie duften dann sehr aromatisch. Zierquitten haben ein äußerst festes Fruchtfleisch und eine ausgeprägte Säure. Bei niedrigen Temperaturen sind sie mehrere Monate haltbar.

Nutzung

Zierquitten sind zu hart zum Rohverzehr. Die Früchte oder ihr Saft können gut in Mischung mit säurearmen Äpfeln, Birnen, aber auch Kürbis oder Melonen zu Konfitüren und Gelees verarbeitet werden.

Zierquittenfrüchte am Strauch

Rezept
Die leuchtend gelbe Farbe eines ZIERQUITTENLIKÖRS erinnert ans Sonnenlicht der warmen Jahreszeit. (s. S. 59)

2 cm
1
0

Heckenkirsche

Giftig!

Rote oder Gemeine Heckenkirsche

Lonicera xylosteum L.

Geißblattgewächse, *Caprifoliaceae*

Erkennungsmerkmale

- 1–3 m hoher Strauch mit weichhaarigen Zweigen
- gegenständige, beiderseits weichhaarige, breit-elliptische, 3–6 cm lange Blätter
- im April bis Juni paarweise erst weiße, dann gelblich werdende Blüten am Grund der oberen Blätter
- dicht beieinander stehende, oft sogar am Grund verwachsene, glänzend scharlachrote Beeren

Fundorte

Die Rote Heckenkirsche ist ein einheimischer Strauch, der in Laubwäldern, Hecken und Gebüschen wächst. Oft wird er als pflegeleichtes Gehölz in Parks und manchmal auch in Gärten angepflanzt.

Verwechslungsgefahr

Die Beeren der Roten Heckenkirsche reifen im Juli bis August. Sie stehen zwar an kurzen Stielchen am Zweig nach oben, werden aber oft von den dichten Blättern verdeckt. Darin und im leuchtend roten Farbton ähneln sie ein wenig den Früchten der **Kornelkirsche** (Unterschiede: Fruchtform und -stellung, Blattnerven!).

Giftigkeit und Giftwirkung

Die Beeren der Roten Heckenkirsche können – auch schon in geringen Mengen – Übelkeit, Herzrhythmusstörungen, Erregungszustände, Fieber und Krämpfe verursachen. Sie gelten als giftig (+).

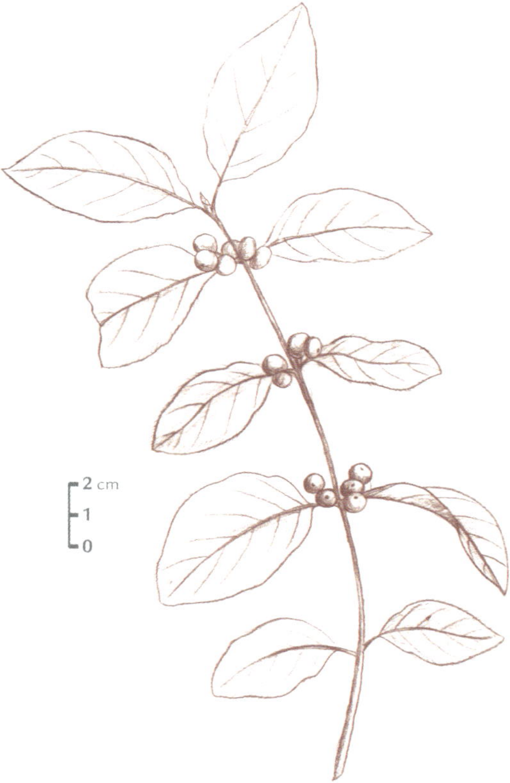

Fotos v.o.:
Heckenkirschenfrüchte
Heckenkirschenfrüchte
Heckenkirschenzweig mit Früchten

Kermesbeere

Giftig!

Asiatische Kermesbeere

Phytolacca esculenta VAN HOUTE

(Indische Kermesbeere *Phytolacca acinosa* ROX B.**)**

Kermesbeerengewächse, *Phytolaccaceae*

Erkennungsmerkmale

- bis 3 m hohe Staude (meist 1–2 m)
- kurz gestielte, eiförmig-elliptische Blätter
- Juni bis September weiße kleine Blüten in endständigen Trauben
- schwarz-dunkelpurpurne, flache, in aufrechten Trauben angeordnete Beeren

Verwechslungsgefahr

Die Beeren reifen von August bis in den Herbst hinein. Sie erinnern dann entfernt an **Brombeeren** (Unterschiede: s. Blätter, Stacheln und Fruchtstand). Andere Kermesbeerenarten, besonders die **Amerikanische Kermesbeere** (*Phytolacca americana* L.) sind ebenfalls giftig.

Fundorte

Die aus Asien stammende Kermesbeere wird als Zierpflanze in Gärten und seltener auch in Parks angepflanzt.

Giftigkeit und Giftwirkung

Zwar ist die ganze Pflanze giftig (+), aber Vergiftungen treten hauptsächlich durch den Verzehr von Früchten auf. Sie führen zu Krämpfen, Erbrechen sowie Magen- und Darmbeschwerden.

Kermesbeerenfrüchte

Kermesbeeren-Fruchtstand

Liguster Giftig!

Gemeiner Liguster

Ligustrum vulgare L.
Ölbaumgewächse, *Oleaceae*

Erkennungsmerkmale

- 1–5 m hoher, teilweiser immergrüner Strauch
- gegenständige, länglich-elliptische, bis 5 cm lange Blätter
- im Juni / Juli kleine weiße, süß duftende Blüten in endständigen Rispen
- etwa erbsengroße, dunkelviolette bis schwarze, glänzende Früchte

Verwechslungsgefahr

Die Beeren reifen im September und können dann aufgrund ihrer dunklen, glänzenden Farbe evtl. mit den Früchten des **Schwarzen Holunders** verwechselt werden (Unterschiede: s. Blätter und Fruchtstand).
Da die Früchte des Ligusters bis weit in den Winter hinein am Strauch bleiben, könnte später auch eine Verwechslung mit **Schlehen** auftreten (Unterschiede: s. Früchte bzw. Fruchtstand, Blattstellung, Dornen).

Fundorte

Der Liguster kommt in Wäldern, Gebüschen und an Waldrändern vor. Er ist ein beliebtes Gehölz in Parks und für Schnitthecken, auch in Gärten.

Giftigkeit und Giftwirkung

Beeren, Blätter und Rinde vom Liguster gelten als giftig (+).
Sie verursachen Übelkeit, Erbrechen, Benommenheit und Kopfschmerzen.

Ligusterfrüchte
Ligusterhecke
im Winter
Ligusterhecke
im Herbst

Schneeball

Giftig!

Gemeiner Schneeball *Virburnum opulus* L.
Wolliger Schneeball *Virburnum lantana* L.
Geißblattgewächse, *Caprifoliaceae*

Erkennungsmerkmale

Gemeinsame Merkmale

- bis 5 m hoher, sommergrüner Strauch
- gegenständige Blätter
- weiße, duftende Blüten in doldenähnkichen Blütenständen

Die folgenden Merkmale unterscheiden die beiden Arten

Gemeiner Schneeball:

- 3-5-lappige Blätter, oberseits kahl und glatt
- Blüte Mai bis Juli;
- Blütenstand flach, mit großen äußeren Blüten
- glänzende scharlachrote, rundliche Steinfrüchte

Wolliger Schneeball:

- elliptische Blätter mit gezähntem Rand, runzlig und haarig
- Blüte April bis Mai; alle Blüten etwa gleich groß
- erst rote, später schwarze, eiförmige Steinfrüchte

Verwechslungsgefahr

Die Früchte des Schneeballs reifen im September. Während die glänzend roten Früchte des Gemeinen Schneeballs bis weit in den Winter an den kahlen Zweigen leuchten, verfärben sich die zunächst roten Steinfrüchte des Wolligen Schneeballs tiefschwarz. Im roten Zustand kann man die Früchte beider Schneeball-Arten mit den Früchten der **Vogelbeere** und der **Mehlbeere** verwechseln (Unterschiede: Blattstellung, Fruchtform und -stellung, Blattnerven!)

Fundorte

Der Schneeball wächst in Wäldern, Gebüschen und Hecken. Beide Arten werden auch in Parks angepflanzt und eignen sich als dekorative Ziergehölze auch für den Garten.

Gemeiner-Schneeball-Blüten
Gemeiner-Schneeball-Früchte
(Foto u. Zeichnung)

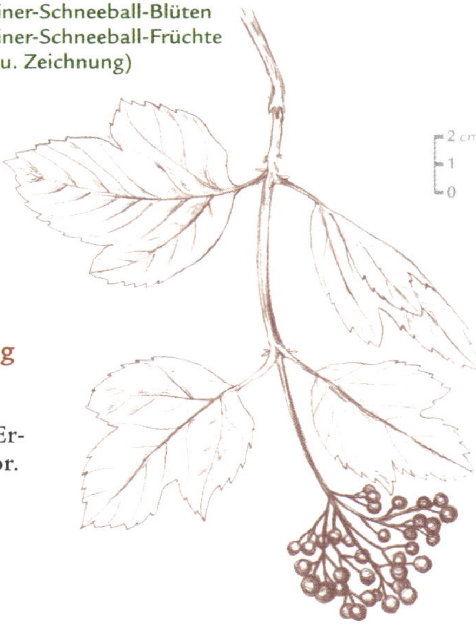

Giftigkeit und Giftwirkung

Größere Mengen der bitter schmeckenden Früchte des Schneeballs rufen Übelkeit, Erbrechen und Durchfall hervor. Sie gelten als giftig (+).

Wolliger-Schneeball-Früchte
(Foto u. Zeichnung)

Berberitze

Sauerdorn, Essigdorn

Berberis vulgaris L.

Berberitzengewächse, *Berberidaceae*

Erkennungsmerkmale

- 1–3 m hoher, dichttriebiger Strauch mit bogig überhängenden Zweigen
- spitze, meist dreiteilige, bis 2 cm lange Dornen an der Basis der Blätter
- gelbes Holz
- bis 4 cm lange, verkehrt-eiförmige bis längliche, gezähnte Blätter
- leuchtend gelbe, stark duftende Blüten in bis zu 7 cm langen Trauben
- Blütezeit: April bis Juni
- länglich-ovale, bis 1 cm große, leuchtend rote Beeren

Fundorte

Berberitzen wachsen an sonnigen Waldrändern und in Hecken. Gerne werden die Gemeine Berberitze oder Ziersorten in Parks und Gärten angepflanzt.

Ernte

Die Beeren der Gemeinen Berberitze reifen im September/Oktober. Sie schmecken sehr sauer, wobei die Säure nach Frosteinwirkung etwas gemildert wird. Die Früchte anderer Berberitzenarten sind für den Verzehr nicht zu empfehlen. Achtung: Mit Ausnahme der Früchte ist die ganze Pflanze giftig.

In Persien sind die getrockneten Beeren der Berberitze wichtiger Bestandteil der regionalen Küche. Sie haben ein intensives, fein säuerliches Aroma.

Nutzung

Die kleinen, sehr sauren Früchte der Gemeinen Berberitze können farbliche und feinsäuerliche Akzente in einem Curry setzen. Man kann die Beeren auch Gelees und Mehrfruchtkonfitüren als Säure-

Berberitzenbeeren im Winter
Berberitzenbeeren mit Herbstlaub
Berberitzenbeeren

träger zufügen. Säfte mit Berberitzen - anteil wirken sehr erfrischend.

Rezept

Die Berberitzenbeeren machen sich gut als farbenfrohe, säuerliche Ergänzung im WILDFRUCHTIGEN HERBSTSALAT MIT NÜSSEN (s. *Hamburgs Wilde Küche*, S. 72) oder in anderen herbstlichen Blatt-salat-Kreationen.

Brombeere

Rubus fructicosus L. Rosengewächse, *Rosaceae*

Erkennungsmerkmale

- Botaniker unterscheiden mehrere Hundert verschiedene Brombeerarten – essen kann man sie zum Glück alle
- sommer- bis wintergrüne Sträucher mit bis zu 3 m langen, kriechenden oder aufrechten und bogig überhängenden Trieben
- meist fünfzählige, oberseits glänzend oder matt grüne, unterseits graugrüne bis weiß-filzige Blätter
- wehrhafte Stacheln an Ranken und Blättern
- im Juni bis Juli weiße bis rosa Blüten an ein- und zweijährigen Trieben
- tiefrot-violette bis schwarze Früchte aus mehreren kleinen Steinfrüchtchen

Fundorte

Brombeeren wachsen in lichten Wäldern, Hecken, an Knicks und Wegrändern. Auch in wilden Parkecken sind sie zu finden. Für den Garten gibt es stachellose Kultursorten.

Verwechslungsgefahr

Reife Brombeeren ähneln entfernt den Früchten der giftigen **Kermesbeere** (s. S. 26). Achtet man aber auf die Blattform, die Stacheln und den Fruchtstand, sind sie nicht zu verwechseln.

Ernte

Brombeeren reifen ab Ende Juli. Sie schmecken fruchtig, süßsauer und leicht herb. Die letzten Früchte am Strauch im September/ Oktober sind allerdings zunehmend fade.

Nutzung

Brombeeren eignen sich gut direkt vom Strauch zum Naschen. Man kann mit ihnen – allein oder mit anderen Früchten – aber auch hervorragend Saft, Gelee, Konfitüre, Chutney, Likör und Essig herstellen. Ebenso köstlich sind sie in Süßspeisen und Gebäck.

Brombeerblätter und -blüten

Brombeerfrüchte, reif und unreif

Rezept
Unwiderstehlich ist der BROMBEER-QUARK-KUCHEN auf einer spätsommerlichen Kaffeetafel (s. S. 60).

Rose

Kartoffel- oder Heckenrose, *Rosa gallica* THUNB.
Hunds- oder Heckenrose, *Rosa canina* L.
Rosengewächse, *Rosaceae*

Erkennungsmerkmale

- 1–3 m hohe, sommergrüne Sträucher mit bestachelten Trieben
- wechselständig angeordnete, gefiederte Blätter
- 3–5 (–9) cm große, weiße bis rosa Schalenblüten
- je nach Art 0,5–2 cm große orangefarbene, rote oder schwarze Früchte, länglich-eiförmig bis rundlich abgeplattet

Fundorte

Die meisten Rosenarten lieben volle Sonne. Man findet Wildrosen in Parks, Knicks und Hecken, an Weg- und Waldrändern. Natürlich gedeihen sie auch bestens an sonnigen Stellen im Garten.

Ernte

Die Hauptsammelzeit der Blüten ist Juni.
Die Früchte der Rosen, Hagebutten genannt, reifen von August bis Oktober. Sie schmecken süß-aromatisch mit einem Hauch von Mango.
Die Hagebutten folgender heimischer Wildrosenarten eignen sich ebenfalls für den Verzehr: **Essigrose** *(Rosa gallica* L.*)*, **Gebirgs- oder Alpenrose** *(Rosa pendulina* L.*)* und **Hechtrose** oder **Rotblättrige Rose** *(Rosa glauca* POURR. non VILL.*)*.

Nutzung

Mit den entkernten Hagebuttenhälften kann man farbliche und geschmackliche Akzente in herbstlichen Salaten setzen. Die durch die Flotte Lotte passierten Früchte lassen sich zu Musen, Marmeladen und Saucen sowie zusammen mit Nüssen als Bratapfel-Füllung verarbeiten.

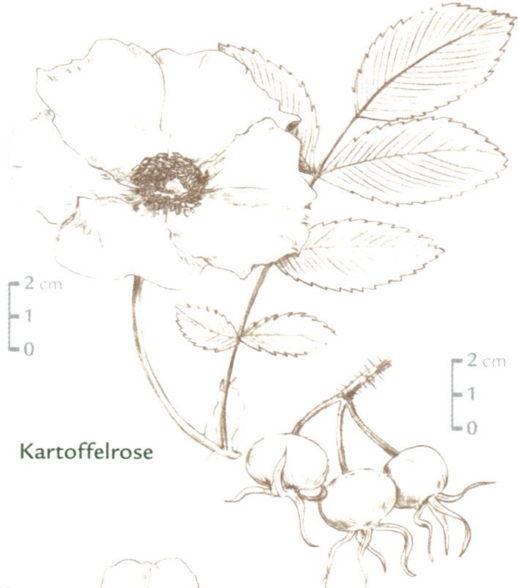

Kartoffelrose

Hundsrose

Kartoffelrosenblüte
Kartoffelrosenfrucht
Hundsrosenfrucht

Rezept
Ein besonderer Tipp ist die HAGEBUTTEN-FRISCHKÄSE-FÜLLUNG AUF FENCHELSCHIFFCHEN (s. *Hamburgs Wilde Küche*, S. 43).

Schlehe

Schlehenfrüchte

Schlehdorn, Schwarzdorn

Prunus spinosa L.
Rosengewächse, *Rosaceae*

Erkennungsmerkmale

- bis zu 3 m hoher, sparrig verzweigter Strauch mit dunkler Rinde
- spitze Dornen an den Enden der Kurztriebe
- 2–5 cm lange, stumpfgrüne, fein gesägte Blätter
- weiße, einzeln oder zu zweit stehende, 1–1,5 cm große Blüten, die im zeitigen Frühling vor dem Laubaustrieb erscheinen
- kugelige bis leicht eiförmige, bis 1,5 cm große schwarzblaue, bereifte Steinfrüchte

Fundorte

Schlehen brauchen Licht und Sonne. Man findet sie in Knicks und Hecken, an Waldrändern, in Parks und auf ungenutzten Grundstücken.

Verwechslungsgefahr

Reife Schlehenfrüchte könnte man mit den ebenfalls schwarzblauen, jedoch giftigen **Ligusterfrüchten** verwechseln (s. S. 28). Unterschiede s. Fruchtstand, Blattstellung und bes. Dornen.

Ernte

Die Früchte reifen im September und Oktober bis November. Oft bleiben sie bis weit in den Winter hinein am Strauch. Sie sind sehr herb und erst nach Frosteinwirkung genießbar und schmecken dann süß-säuerlich.

Nutzung

Aus den ganzen Früchten kann man Wildfruchtlikör und Wildfruchtessig herstellen. Das Fruchtmark bzw. der Saft der Schlehen lässt sich zu Saucen, Konfitüren und Chutneys verarbeiten.

Schlehen als blühende Hecke
Schlehenblüten
Schlehenzweige mit Früchten

Rezept
Besonders köstlich ist der heiße Schlehentrunk OPORTO (s. *Hamburgs Wilde Küche*, S. 63).

Haselnuss

Gemeine Hasel, Haselstrauch

Corylus avellana L.

Birkengewächse, *Betulaceae*

Erkennungsmerkmale

- breit ausladender, bis 7 m hoher Strauch
- rundliche, weichhaarige, doppelt gesägte Blätter mit herzförmigem Grund und deutlicher Spitze
- Blüte im zeitigen Frühjahr (oft schon ab Februar); männliche Blüten als auffällig gelbe, hängende Kätzchen, unscheinbar kleine weibliche Blüten mit roten, fadenförmigen Narben
- ab Sommer sitzen 1 bis 4 grüne Nussfrüchte in zerschlitzten Becherhüllen
- im Herbst erntet man die 1–2 cm großen, kugeligen braunen Nüsse mit harter brauner Schale

Fundorte

Die Haselnuss ist ein typisches Gehölz der norddeutschen Knicks, das alle paar Jahre einen starken Rückschnitt verträgt. Es kommt auch im Unterwuchs von Laubmischwäldern, an Waldrändern und in Hecken vor. Häufig wird es als pflegeleichtes Gehölz in Parks angepflanzt.

Ernte

Haselnüsse reifen ab September. Sie sind aromatisch nussig. Getrocknet in der Schale sind sie sehr lange haltbar. Geknackt oder sogar zerkleinert werden sie leicht ranzig.

Nutzung

Haselnüsse kann man roh knabbern oder rösten. Sie lassen sich – auch mit Kräutern – zu leckeren Brotaufstrichen verarbeiten, als Zutat zu herbstlichen Salaten, als kernige Kruste auf deftigen Aufläufen oder als Backzutat verwenden.

Haselnussblätter

Unreife Haselnüsse in Hüllen
Reife Haselnüsse

Rezept
Besonders köstlich an langen Herbst- und Wintertagen sind mit Haselnüssen verfeinerte BRATÄPFEL MIT HERBSTLICHER WILDFRUCHTFÜLLUNG (s. *Hamburgs Wilde Küche*, S. 92).

Heidelbeere

Blaubeere, Bickbeere

Vaccinium myrtillus L.
Rosengewächse, *Rosaceae*

Erkennungsmerkmale

- sommergrüner, 20–50 cm hoher Strauch
- junge Triebe sind grün und kantig
- 1–2,5 cm lange, elliptische bis zugespitzt eiförmige Blätter
- im Mai bis Juni unscheinbare, grünlich-rötliche Blütenglöckchen
- kugelige, tiefblaue, oft bereifte, 5–10 mm große Beeren, deren Saft stark färbt.

Fundorte

Man findet die einheimische Heidelbeere in lichten Nadelwäldern, in Mooren und auf Heideflächen. Sie bevorzugt sauren Boden und sonnige bis halbschattige Bedingungen. In Gärten wird meist die sogenannte Kulturheidelbeere (Amerikanische Heidelbeere, *Vaccinium corymbosum* L.) angepflanzt, deren Früchte auch überwiegend auf dem Markt angeboten werden.

Ernte

Die Früchte der einheimischen Heidelbeere reifen im Juli/August. Sie sind sehr aromatisch und schmecken süß-säuerlich.
Zeitgleich werden auch die Früchte der Amerikanischen Strauchheidelbeere auf dem Markt oder auf Plantagen zum Selberpflücken angeboten. Sie sind etwas größer, besitzen weißes Fruchtfleisch und schmecken nicht ganz so aromatisch.

Nutzung

Die Beeren beider Heidelbeerarten können hervorragend roh verzehrt werden. Sie eignen sich gut zur Herstellung von Konfitüren und Saucen. Sehr lecker sind sie in Kombination mit Milchprodukten oder in Mehlspeisen.

Heidelbeerlaub
Heidelbeerzweige mit Früchten
Heidelbeerfrucht

Rezept
Ein besonderer sommerlicher Genuss sind BICKBEER-PFANNKUCHEN (s. S. 61).

Walderdbeere

Wilde Erdbeere

Fragaria vesca L.
Rosengewächse, *Rosaceae*

Erkennungsmerkmale

- 5–10 cm hohe Pflanze mit grundständiger Blattrosette und langen Ausläufern
- dreizählige Blätter mit grob gezähntem Rand
- im Mai bis Juli 3 bis 10 weiße, fünfzählige Blüten an aufrechten Stängeln
- 0,5–2 cm kugelige, leicht zugespitzte, leuchtend rote Früchte, die sich reif sehr leicht vom Kelch lösen

Verwechslungsgefahr

Scheinerdbeere (*Potentilla inica* (ANDREWS) TH. WOLF). Sie ist mit der Erdbeere verwandt. Die Früchte sind sehr ähnlich, schmecken nach nichts, sind aber ungiftig.

Fundorte

Die Walderdbeere wächst in lichten Wäldern, an Wegrändern und im Gebüsch. Gern hat sie es etwas feuchter und nährstoffreicher. Im Garten kann man sie gut als schmackhaften Bodendecker unter Hecken und an halbschattigen Standorten pflanzen. Sie kann dann sehr üppig werden.

Ernte

Die Früchte der Walderdbeere reifen ab Juni. Bis in den August hinein kann man reife Früchte finden. Erst im voll ausgereiften Zustand erreichen sie ihr unverwechselbares Erdbeeraroma. Sie schmecken intensiv fruchtig-süß.

Nutzung

Schon mit wenigen Früchten der Walderdbeere kann man Konfitüren aus anderen Wild- oder Gartenfrüchten, Bowlen und Süßspeisen eine charakteristische Erdbeernote verleihen.

Walderdbeerblätter und -blüte
Walderdbeerfrüchte
Walderdbeerfrucht

Rezept
Die kleinen Walderdbeeren schmecken so intensiv und köstlich, dass es vor allem perfekte NASCHFRÜCHTE sind.

Waldhimbeere

Wilde Himbeere

Rubus idaeus L.

Rosengewächse, *Rosaceae*

Erkennungsmerkmale

- 50–200 cm hoher Strauch mit zahlreichen verholzenden, aufrecht stehenden oder bogig überhängenden Trieben
- feine violette Stacheln an den Trieben
- 3–5-zählige, gefiederte Blätter, die oberseits frisch grün und unterseits weiß-filzig sind
- im Mai bis Juli weiße bis hellrosafarbene, 5-zählige Blüten in lockeren Blütenständen
- rote Früchte, die sich reif sehr leicht vom kegelförmigen Blütenboden ablösen lassen

Fundorte

Die Waldhimbeere wächst in lichten Wäldern, an Waldrändern und auf Kahlschlägen. Auch in einigen wilden Parkecken findet man sie. Sie bevorzugt feuchten, nährstoffreichen Boden. Im Garten lässt sich die Himbeere entlang von Hecken oder Zäunen oder zum Verwildern in wenig genutzte Bereiche pflanzen – auch im Halbschatten unter Bäumen.

Ernte

Die Früchte der Waldhimbeere reifen ab Juli. Sie sind saftig und schmecken süß-fruchtig. Da sich die hocharomatischen Früchte nicht halten, sollten sie sofort nach der Ernte verzehrt oder verarbeitet werden.

Nutzung

Leider sind die köstlichen Früchte häufig von Maden befallen und sollten daher vor der Verarbeitung kontrolliert werden. Aus den Waldhimbeeren lassen sich Sirup, Bowle, Konfitüren und Essige herstellen. Sie geben auch schon in geringer Menge Süßspeisen ihren charakteristischen Geschmack.

Rezept
Die aromatischen Waldhimbeeren eignen sich bei einem Waldspaziergang oder auch im Garten hervorragend als NASCHFRÜCHTE.

Waldhimbeerstrauch

Waldhimbeerfrucht

Blattoberseite (l.) und Blattunterseite (r.) der Waldhimbeere

Mehlbeere

Gewöhnliche oder Echte Mehlbeere

Sorbus aria (L.) CRANTZ Rosengewächse, *Rosaceae*

Erkennungsmerkmale

- 15 m hoher Baum mit rundlich-eiförmiger Krone
- oval-eiförmige Blätter mit dicht weißfilziger Unterseite
- ab Mai bis Juni weiße Blüten in breiten, rispenartigen Blütenständen am Ende eines Zweiges
- mehrere 1 bis knapp 2 cm große orangerote Apfelfrüchtchen in einem Fruchtstand

Verwechslungsgefahr

In Norddeutschland kommen noch andere Mehlbeerenarten vor, die **Schwedische Mehlbeere** (*Sorbus intermedia* (EHRH) PERS) ist besonders häufig. Die Früchte aller Mehlbeerenarten sind essbar. Die Farbe der reifen Mehlbeerenfrüchte ähneln den roten giftigen Früchten des **Gemeinen Schneeballs** (s. S. 30). Unterschiede s. Blattform und -stellung.

Fundorte

Die Mehlbeere findet man in Parks, Gärten oder als Straßenbaum.

Ernte

Mehlbeeren reifen im Oktober. Die mehligen Früchte werden nach dem Frost weich und schmecken dann leicht süß-säuerlich.

Nutzung

Die Früchte sind ein Fall für die Flotte Lotte: Gekocht und passiert kann das süßsäuerliche Fruchtfleisch der Mehlbeere Kompotten, Konfitüren und Gelees aus anderen Früchten zugesetzt werden.

Rezept

Sammelt man im Herbst kleinere Mengen unterschiedlicher Wildfrüchte, lässt sich daraus ein köstliches gemischtes WILDFRÜCHTE-MUS (s. S. 62) herstellen.

Schwedische Mehlbeere

Gewöhnliche Mehlbeere

Vogelbeere

Eberesche

Sorbus aucuparia L.
Rosengewächse, *Rosaceae*

Erkennungsmerkmale

- mittelgroßer, 10–15 m hoher Baum mit eher lichter Krone
- unpaarig gefiederte Blätter
- im Mai / Juni cremeweiße Blütendolden
- orangerote, kugelige, 0,5–1 cm große apfelartige Früchte, endständig in leuchtenden Dolden

Verwechslungsgefahr

Mit dem **Gemeinen Schneeball** (S. 30, giftig): Dieser hat jedoch ungefiederte Blätter, die sich am Zweig gegenüber stehen.
Traubenholunder (S. 8): Er hat wie die Vogelbeere gefiederte Blätter, die sich aber am Zweig gegenüberstehen.

Fundorte

Ebereschen wachsen in Knicks und an Waldrändern. Sie werden auch in Parks und selbst an Straßen angepflanzt. Sie eignen sich ebenfalls für den privaten Hausgarten.

Ernte

Die Früchte der Vogelbeere reifen von August bis Oktober. Sie schmecken säuerlich-herb. Neben reichlich Vitaminen und Sorbinsäure enthalten die Vogelbeeren auch Parasorbinsäure, die für den bitteren Geschmack verantwortlich ist. Nur der Zuchtform der **Mährischen** oder **Edel-Eberesche** *(Sorbus aucuparia* var *edulis)* fehlen die Bitterstoffe in den Früchten.

Nutzung

Die reifen Früchte lassen sich – mit anderen milderen Fruchtsorten – zu Gelees, Konfitüren und Kompotten verarbeiten. Auch herbe Liköre und Essige kann man aus den Vogelbeeren herstellen.

Rezept

Das HELLE VOGELBEEREN-CHUTNEY (s. *Hamburgs Wilde Küche*, S. 55) ist mit Bratkartoffeln ideal als schnelles, leckeres Mittagessen oder als pikante Sauce zum Grillen.

Vogelbeerenzweige mit Früchten

Vogelbeerenfrüchte

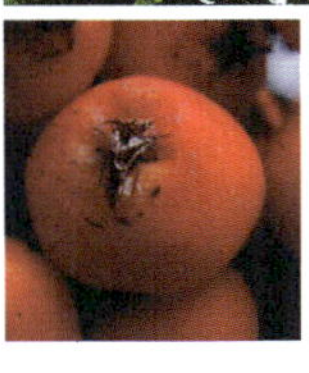

Vogelbeerenfrucht

Weißdorn

Eingriffeliger Weißdorn

Crataegus monogyna JACQ.
Rosengewächse, *Rosaceae*

Erkennungsmerkmale

- sommergrüner, 6–8 m hoher Strauch, selten auch bis 10 m hoher Baum
- helle, silbrig glänzende Rinde und Dornen an den Trieben
- 2–4 cm große, tief eingeschnittene, dunkelgrüne Blätter, im Herbst oft gelb oder tiefrot gefärbt
- im Mai nach den Blättern weiße kleine Blüten in endständigen Schirmrispen; meist üppig blühend und intensiv duftend
- dunkelrote, 5–10 mm große apfelartige Früchte mit Steinkern

Verwechslungsgefahr

Mit dem **Zweigriffeligen Weißdorn** (*Crataegus laevigata* (POIRET) DC.) Er ist dem eingriffeligen Weißdorn sehr ähnlich, die Früchte sind genauso verwendbar.

Fundorte

Der heimische Weißdorn ist ein sehr anpassungsfähiges Gehölz, das in halboffenen Weidelandschaften, in Knicks und an Waldrändern vorkommt. Man findet ihn mit seiner attraktiven Blüte ebenfalls in Parks. Da Weißdorn problemlos geschnitten werden kann, wird er auch gern in kleineren Hausgärten als Hecke gepflanzt.

Ernte

Die Früchte des Weißdorns reifen im September/Oktober. Sie schmecken allerdings mehlig-fade, höchstens leicht süßlich.

Nutzung

Weißdornfrüchte sind zwar reich an gesunden Inhaltsstoffen, aufgrund ihres langweiligen Geschmacks werden sie heute aber höchstens anderen pektinarmen (Wild-)Früchten wie Brombeeren

Reife Weißdornfrüchte

Weißdorn in Blüte
Unreife Weißdornfrüchte

und Holunder bei der **Herstellung von Gelees und Konfitüren** zugesetzt. Vorher muss man sie natürlich durch die Flotte Lotte passieren, um den kleinen Stein zu entfernen. Früher hat man die getrockneten Früchte in Notzeiten gemahlen und als Getreideersatz beim Brotbacken verwendet.

Zierapfel

Zierapfelsorten

Malus spec.
Rosengewächse, *Rosaceae*

Erkennungsmerkmale

- 4–8 m hoher Strauch oder Baum
- Triebe oft in Dornen endend
- rundliche bis eiförmige, gesägte Blätter; auch rotlaubige Sorten
- April–Juni weiße, rosa bis dunkelrote Blüten
- je nach Sorte 1–4 cm große Früchte von unterschiedlicher Farbe und Form

Fundorte

Die reich blühenden Zieräpfel mit ihren dekorativen Früchten werden gerne in Hausgärten und auch Parks angepflanzt.

Ernte

Die Früchte der verschiedenen Zierapfelsorten können schon ab September zu Boden fallen, aber auch bis in den Winter hinein am Baum hängen bleiben. Im Geschmack sind sie sehr unterschiedlich.

Nutzung

Generell haben Zierapfelsorten ein sehr festes Fruchtfleisch und einen hohen Pektingehalt. Die kleinen Apfelfrüchte kann man am besten entsaften oder gekocht durch die Flotte Lotte passieren. Aus dem Saft bzw. dem Mus ergeben sich aromatische Gelees oder – auch zusammen mit anderen Wildfrüchten – süßsaure Konfitüren und pikante Chutneys.

Rezept

Säuerliche, spät reifende Sorten eignen sich mit Gewürzen wie Zimt, Piment, Gewürznelken, Kardamom und Bittermandeln hervorragend für ein WEIHNACHTLICHES APFELGELEE.

Zierapfel »Evereste«

Zierapfel »Golden Hornet«

Helfer beim Sammeln, in der Küche; Tipps

Helfer beim Sammeln

• Garten- oder Küchenschere • Sammelgefäße: ein oder mehrere Joghurteimerchen oder saubere Schüsseln • Gummi-/Gartenhandschuhe: hilfreich bei stark färbenden Früchten oder dornigen Trieben • Astschere (z. B. für Holunderfrüchte oder -blütendolden): zum Erreichen hoch gewachsener Äste • großes Laken oder Tuch: zum Auffangen herunterfallender Früchte, z. B. der Kornelkirschen • Regenschirm mit gebogenem Griff oder langer Haken: zum Heranziehen von Ästen und Ranken in Pflückweite

Helfer in der Küche

Flotte Lotte

- Passiermühle oder Flotte Lotte: zum Entkernen von Wildfrüchten oder auch zur einfachen Herstellung von Fruchtmusen
- Mixgeräte/Blender: zur Herstellung von Smoothies oder auch zum Hacken und Mahlen von Nüssen
- Marmeladen- und Safttrichter (aus Metall): zum sauberen Abfüllen von Musen, Chutneys, Gelees, Säften, Essigen und Likören
- Edelstahlschüsseln: farbecht und säurestabil
- Passiertuch: zum Abseihen von Früchten aus Essig und Likören
- Twist-off-Gläser: Diese Gläser erzeugen beim Abkühlen im Inneren einen Unterdruck, wenn sie heiß befüllt und dann sofort zugedreht werden. Dadurch bleibt der Inhalt, wie Konfitüre oder Chutney, viel länger haltbar.

Sammeltipps

- Nur abseits großer Straßen und intensiver Landwirtschaft ernten.
- In Naturschutzgebieten ist das Ernten verboten.
- Wo irgend möglich, frage ich den Besitzer des Bestandes um Erlaubnis.
- Ich richte keinen Schaden an anderen Pflanzen an.
- Ich lasse stets Früchte für andere, auch tierische Interessenten übrig.

Botanische Fachbegriffe

- zweihäusig: weibliche und männliche Blüten befinden sich auf verschiedenen Pflanzen
- wechselständig: Blätter stehen abwechselnd mal rechts, mal links am Stängel
- gegenständig: Blätter stehen sich am Stängel gegenüber
- endständig: Blüten bzw. Früchte stehen am Ende eines Triebs
- grundständig: Blätter stehen alle unten am Stängel
- unpaarig gefiedert: Blatt besteht aus mehreren kleinen Blättchen an einem Stiel, eins sitzt an der Spitze
- fiederschnittig: Blatt ist mehrmals links und rechts vom Blattstiel tief eingeschnitten
- doppelt gesägt: Blattrand mit großen und dazwischen kleinen Sägezähnchen

Erläuterungen der Giftigkeit

(+) wenig giftig
+ giftig
++ stark giftig (Die Aufnahme geringer Mengen kann zu mittelschweren Vergiftungen führen)
+++ sehr stark giftig (Die Aufnahme geringer Mengen kann zu schweren bis tödlichen Vergiftungen führen).

(Zitiert nach »*Giftpflanzen – Pflanzengifte*«, s. Literaturtipps)

Kornel-Cumberland-Sauce

(pikante Sauce mit Kornelkirschen)

ZUTATEN:

- **500 g Kornelkirschenmus (aus gut 1 kg Kornelkirschen und etwas Apfelsaft)**
- **1/8 l Rotwein**
- **3 EL Senf**
- **½ TL gem. Nelken**
- **Salz**
- **Rote Chilischoten nach Geschmack**
- **1 TL fein gehackter frischer Ingwer**
- **250 g Gelierzucker 2:1**

Die ursprüngliche Cumberlandsauce wird traditionell mit Roten und manchmal Schwarzen Johannisbeeren hergestellt.

ZUBEREITUNG:

- Kornelkirschen waschen, Stiele entfernen und mit wenig Apfelsaft weich kochen;
- Früchte durch die Flotte Lotte passieren;
- Rotwein zum Kornelkirschenmus in einen großen Topf geben;
- Senf, Nelken und Salz zum Fruchtmus geben;
- Chilischoten und Ingwer sehr fein hacken und unterrühren, nach Geschmack pikant abschmecken;
- Gelierzucker unter das Fruchtmus mischen und unter ständigem Rühren mind. 4 Min. sprudelnd kochen lassen;
- heiße Kornel-Cumberland-Sauce sofort in saubere Twist-off-Gläser füllen, verschließen und auf dem Deckel stehend abkühlen lassen.

Zierquitten-Likör

ZUTATEN (für 1 Liter Doppelkorn):
- **1 kg reife Zierquitten**
- **500 g (weißer) Kandis**
- **je nach Geschmack evtl. 1 Stück Ingwer (ca. 1–2 cm lang) oder andere Gewürze**
- **1 l Doppelkorn**

ZUBEREITUNG:
- Zierquitten waschen und in grobe Stücke schneiden;
- Kerngehäuse entfernen (das erhält die hellgelbe Farbe des späteren Likörs. Mit Kerngehäuse wird der Likör dunkler und eher ockergelb);
- Fruchtstücke mit Kandis und Gewürzen in ein verschließbares Glasgefäß geben;
- mit hochprozentigem klaren Alkohol übergießen und mind. 6 Wochen (besser 3 Monate) ziehen lassen;
- filtrierten Likör in hübsche Flaschen füllen und noch einige Wochen (besser Monate) reifen lassen.

Mit dem Zusatz verschiedener Gewürze oder Mischungen aus verschiedenen Wildfrüchten kann man in jedem Jahr neue Geschmacksrichtungen ausprobieren. Es gilt der Grundsatz, immer mehr Alkohol als Früchte zu verwenden, damit das Getränk haltbar ist.

Brombeer-Quarkkuchen

ZUTATEN
(für eine große Springform):
Für den Mürbeteig
- 250 g Dinkel-Vollkornmehl
- ½ Päckchen Backpulver
- 1 Prise Salz
- 100 g Rohrohrzucker
- 1 Ei
- 125 g Butter

Für die Quarkmasse
- 3 Eier
- 1 Prise Salz
- 100 g Vollrohrzucker
- 500 g Speisequark (Magerstufe oder 20 % Fettgehalt)
- 125 g zerlassene Butter
- 1 Päckchen Vanillepuddingpulver
- 1 Prise echte Vanille
- 250 g Brombeeren

ZUBEREITUNG:
Mürbeteig
- Mehl mit Backpulver, Salz und Zucker in einer Schüssel mischen;
- in das Mehlgemisch eine Kuhle drücken und das Ei hineingeben;
- die feste Butter in Flöckchen auf dem Mehlrand verteilen;
- Zutaten zügig zu einem Mürbeteig verkneten;
- Teig mindestens eine Stunde (am besten über Nacht) im Kühlschrank ruhen lassen;
- etwa zwei Drittel des Teiges auf dem Boden einer eingefetteten Springform ausrollen; aus einem Drittel des Teiges am ebenfalls gefetteten Springformrand flach drücken.

Quarkmasse
- Eier trennen und das Eiweiß mit dem Salz sehr steif schlagen;
- Eigelbe mit Zucker und Vanille schaumig schlagen;
- Quark, Butter und Vanillepuddingpulver mit der Eigelbmasse glatt verrühren;
- steif geschlagenes Eiweiß unterheben;
- Brombeeren vorsichtig unter die Quarkmasse ziehen.

Quarkmasse auf dem Mürbeteig verteilen und bei 175 Grad etwa 1 h backen; dabei kontrollieren; wenn die Quarkmasse zu dunkel wird, evtl. Temperatur reduzieren.

Bickbeer-Pfannkuchen

ZUTATEN (für 4 Personen):

- **3 Eier**
- **50 g Zucker**
- **1 Prise Vanille**
- **1 Prise Salz**
- **100 g Schmand**
- **1/8 l Milch**
- **1/8 l Wasser**
- **125 g Dinkel-Vollkornmehl**
- **500 g Bickbeeren oder Heidelbeeren**

ZUBEREITUNG:

- Eier mit Zucker, Vanille und Salz schaumig rühren;
- Schmand glatt unterrühren;
- Milch und Wasser mit Mehl abwechselnd unterrühren, bis ein dickflüssiger Teig entsteht;
- Teig 10–15 Min. quellen lassen;
- Öl in der Pfanne erhitzen;
- nur so viel Teig in die Pfanne gießen, dass der Boden eben bedeckt ist, und leicht anbacken lassen;
- durch leichtes Schütteln den Teig von der Pfanne lösen;
- ca. 1 Handvoll Bickbeeren gleichmäßig darauf verteilen und noch etwas Teig darübergeben;
- Eierkuchen langsam backen und erst wenden (mit Pfannenheber oder Topfdeckel), wenn sie obenauf trocken sind;
- nach Geschmack mit Zimt und Zucker bestreut servieren.

Herbstliches Wildfrucht-Mus

ZUTATEN (für 1 kg Früchte):

- **400 g spät reifende Äpfel**
- **400 g Schlehen**
- **200 g Mehlbeeren**
- **500 g Gelierzucker 2:1**
- **evtl. etwas Zimt**

Zu diesem herbstlichen Wildfruchtmus werden besonders spät reifende Wildfrüchte verwendet. Die Mischung aus Mehlbeeren mit Schlehen gibt dem Mus seine besondere herb-säuerliche Note. Wenn man das Mischungs-verhältnis zugunsten der Äpfel verschiebt, wird das Fruchtmus etwas milder. Je nach Geschmack kann man das Mus zusätzlich mit Zimt oder auch anderen Gewürzen aromatisieren.

ZUBEREITUNG:

- Äpfel schälen, Kerngehäuse entfernen, in kleine Stückchen schneiden, mit etwas Wasser weich kochen;
- Schlehen und Mehlbeeren waschen und mit etwas Wasser oder Apfelsaft weich kochen;
- Alle weich gekochten Früchte durch die Flotte Lotte passieren. Wegen der kleinen Kerne in den Mehlbeeren ist dazu ein feiner Siebeinsatz nötig. Evtl. mit etwas Wasser oder Apfelsaft nachspülen;
- Das Fruchtmus in einem großen Topf mit dem Gelierzucker und dem Zimt mischen und unter ständigem Rühren aufkochen lassen;
- Gelierprobe machen, d.h. einen Teelöffel Fruchtmus auf eine Untertasse geben: Wenn es beim Abkühlen fest wird, hat das Mus lange genug gekocht. Bleibt es flüssig, muss die Masse einige weitere Minuten kochen;
- Das Fruchtmus sofort in saubere Twist-off-Gläser füllen, verschließen und auf dem Deckel stehend abkühlen lassen.

Literaturtipps

Lüder, R. 2011: »Grundkurs Pflanzenbestimmung –Eine Praxisanleitung für Anfänger und Fortgeschrittene« Quelle und Meyer
Ein Bestimmungsbuch, in dem die ca. 600 häufigsten Pflanzenarten nach Familien geordnet sind. Farbige Abbildungen erleichtern das Bestimmen.

Roth, L. et al. 1994: »Giftpflanzen Pflanzengifte«, nikol-verlag
Dieses Werk ist eigentlich für Pharmazeuten und Mediziner gedacht und äußert sich nach wissenschaftlichen Pflanzennamen sortiert auf 1090 Seiten über die genaue Menge Pflanzenmasse, nach der bestimmte Symptome auftreten. Man kann hier nachlesen, was für Reaktionen bekannt geworden sind. Dazu gibt es jede Menge chemische Formeln etc.

Gildhorn, K. et al. (Hrsg.) 2012: »Mundräuber Handbuch – Tipps, Regeln und Geschichten zur Wiederentdeckung unserer Obstallmende«, www.mundraub.org
Dieses Buch ruft auf: »Freies Obst für freie Bürger« und beschäftigt sich intensiv mit dem Begriff der »Allmende«, der gemeinschaftlich genutzten und gepflegten Weide einer Gemeinde. Es widerlegt die These, dass Flächen, die ungeregelt zur gemeinschaftlichen Nutzung freigegeben werden, automatisch »übernutzt« werden.

Pirc, H.2002: »Wildobst im eigenen Garten«, Leopold Stocker Verlag
Tipps für Anbau und Pflege vieler verschiedener Wildobstgehölze im eigenen Garten. Es werden verschiedene Sorten beschrieben und die unterschiedlichsten deutschen Namen erwähnt. Auf den letzten Seiten werden auch interessante Rezepte als Anregung zur Verwertung geliefert.

Poppendieck, H.- H. et.al (Hrsg.) 2011: »Der Hamburger Pflanzenatlas«, Dölling und Galitz Verlag
Wer einen allerersten Eindruck davon braucht, wo die gewünschten Pflanzen in Hamburg ungefähr vorkommen oder auch wie häufig sie in Hamburg sind, für den ist dieses Buch goldrichtig.

Jäger, E. et.al (Hrsg.), 2013: »Rothmaler – Exkursionsflora von Deutschland, Gefäßpflanzen: Grundband und Atlasband«
In diesem Pflanzenatlas sind alle Pflanzenarten mit wissenschaftlichen Zeichnungen und Bezeichnungen aufgeführt (keine Landkarten). Weiterhin werden auf die wichtigen Merkmale, an der man diese Pflanze erkennen kann, mit kleinen Pfeilen hingewiesen.

Register

Dank

Wir danken Maria Weninger für die detailgetreuen und liebevoll ausgeführten Zeichnungen und ihre Geduld mit unseren Änderungswünschen. Außerdem finden wir ihre kolorierten Aquarelle unserer Rezepte zum Anbeißen.

Wir danken unserem Verleger, der weiterhin Lust auf wilde Kräuter und Früchte hat. Ebenfalls gilt unser Dank Eberhard Delius, der wieder ein optisch ansprechendes Gesamtkunstwerk geschaffen hat, und Kay Dohnke für das Lektorat sowie die Nähe zum Duden.

Wir danken Dr. Gisela Bertram herzlich für ihren fachlichen Rat. Sollten uns trotzdem botanische Ungenauigkeiten unterlaufen oder Fehler entgangen sein, zeichnen ausschließlich wir dafür verantwortlich.

Wir möchten auch all denjenigen Menschen danken, die uns bereitwillig zum Naschen, Ernten und Fotografieren in ihre Gärten gelassen haben.

Katharina Henne & Lore Otto

HAMBURGS WILDE KÜCHE

Was wächst denn da & wie kann man es ERKENNEN?

Frühlings-Heft: *Kräuter*

Mit Zeichnungen von
Maria Weninger

KJM Buchverlag

Die Reihe

HAMBURG PARADIES

wird herausgegeben
von Klaas Jarchow

Mehr zu den Büchern des KJM Buchverlags:
www.kjm-buchverlag.de

Der Inhalt dieses Heftes ersetzt keine eigene Bestimmung von Pflanzen und Klärung von deren Essbarkeit!

1. Auflage, März 2016

Simrockstr. 9a, 22587 Hamburg
www.jarchow-media.de
ISBN 978-3-945465-18-9
Alle Fotos stammen aus dem Archiv der Autorinnen.

Lektorat: Kay Dohnke, Hamburg
Herstellung, Satz und Gestaltung:
Eberhard Delius, Berlin
Bildbearbeitung: Reihs Satzstudio, Lohmar
Druck und Bindung: Oktoberdruck, Berlin
Printed in Germany

Den Grünen Blog der Autorinnen findet man hier:
www.blog.hamburgparadies.de

INHALT

EINFÜHRUNG

Im erwachenden Frühling, wenn es uns alle nach einem trüben Winter wieder ins Freie zieht, sind auch die Kräuter lecker und superzart. Die ersten Brennnesseln schieben ihre zartgrünen Spitzen an den trockenen Halmen vom letzten Jahr vorbei. Jetzt ist Zeit für den ersten Brennnesselkuchen. Wir alle fühlen um diese Jahreszeit eine unbändige Sehnsucht nach frischen Lebensmitteln, die die Lagerware des Winters ablösen.

Auch die Pflanzenwelt fühlt den Aufbruch: Die Tage werden länger, der Boden und die Luft erwärmen sich, und eine neue Vegetationsperiode beginnt. Zunächst einmal streben alle Pflanzen danach, möglichst schnell viele Blätter zu bilden, um das Sonnenlicht einzufangen, bevor die Reserven aus dem letzten Jahr erschöpft sind. Das bedeutet, dass für uns die Kräuter am Beginn des Frühjahrs besonders mild und schmackhaft sind. Gleichzeitig sind die Blätter aber auch für die Pflanzen das Startkapital für den Rest des Jahres. Wenn zu viele davon Menschen oder anderen Fressfeinden zum Opfer fallen, kann das den Bestand ernsthaft schädigen. Bärlauch ist ein gutes Beispiel dafür: Jede ausgewachsene Zwiebel bringt zwei Blätter und einen Blütentrieb hervor. Von jeder Bärlauchpflanze darf man also höchstens ein Blatt pflücken, um sie nicht zu stark zu schädigen und an gleicher Stelle im nächsten Jahr wieder ernten zu können.

Erst später im Jahr bilden Pflanzen Abwehrstoffe, um ihre Fressfeinde abzuhalten. Für uns Menschen werden dann im Verlauf des Jahres diese Pflanzen zäh oder bitter und bald ungenießbar. Daher sind die ersten zwei Monate einer Vegetationsperiode die beste Erntezeit für unsere heimischen Wildkräuter. Als Faustregel kann man sich merken, dass es sich meist nicht mehr lohnt, die Blätter im frischen Zustand zu verwerten, sobald die Kräuter blühen.

GRUPPENEINTEILUNG

Gartenwildkräuter
Diese Kräuter finden sich in fast allen Gärten unserer Stadt und auch auf den meisten Grünflächen.

Wilde Herausforderer
Von den Pflanzen dieser Kategorie fühlen sich Gartenbesitzer ständig zum Jäten herausgefordert, weil sie sich in unseren Gärten wohlfühlen, aber in der Regel unerwünscht sind.

Doppelgänger
Es gibt weniger Pflanzen, als man denkt, die wirklich gefährlich giftig sind. In dieser Kategorie verbergen sich zwei Kräuter, die solche gefährlichen Doppelgänger haben. Diese sollte man kennen, wenn man die essbaren sammeln möchte.

Zahme Würzpflanzen
Diese Pflanzen sind im Garten nur zu finden, weil sie die Unterstützung des Gartenbesitzers haben, daher kann man nicht mehr unbedingt von Wildpflanzen reden.

Wiesenkräuter
In dieser Kategorie verbergen sich Kräuter, die man auf Flächen finden kann, die gut besonnt sind.

Unter dem Blätterdach
Auch der Wald hat viel zu bieten, z. B. kann man im Frühjahr nicht nur Waldmeister, sondern auch die Blätter von Bäumen essen.

Baumblättersammelkorb

Gänseblümchen

Bellis perennis L.
Korbblütengewächse, *Asteraceae*

Erkennungsmerkmale

- 2–15 cm hoch
- ausdauernd
- Blätter bilden eine dichte Blattrosette
- Blatt geht aus einem geflügelten Blattstiel in eine verkehrt-eiförmige Blattspreite über
- »Blütenkörbchen« besteht innen aus gelben Röhrenblüten, außen aus weißen Zungenblüten, oft mit rosa Rändern
- Blütezeit März bis November

Verwechslungsgefahr

Die Blattrosette könnte mit kleinen **Habichtskräutern** verwechselt werden, die aber rein gelb blühen.

Fundorte

Das Gänseblümchen wächst besonders gern auf Rasenflächen, denn es kann sich mit seiner flachen Blattrosette gegen die Gräser gut behaupten. Es profitiert von regelmäßiger Mahd, weil die Lichtverhältnisse für eine so kleine Pflanze auf diese Weise immer gut sind.

Ernte

März bis November, auf Rasenflächen in Gärten und Parks

Nutzung

Geschmacklich sind Gänseblümchen eher unauffällig; aber ihre Blüten bringen eine fröhliche Note als Dekoration auf Salate oder jedes Butterbrot.

Gänseblümchen mit Blüte

Gundermann

Glechoma hederacea L.
Lippenblütengewächse, *Lamiaceae*

Erkennungsmerkmale

- 10–40 cm hoch
- ausdauernd
- Stängel kriechend
- Blätter nierenförmig, rundlich, gekerbt
- Blüten lila, sitzen in den Blattachseln
- Blütezeit April bis Juni
- riecht sehr aromatisch

Verwechslungsgefahr

Günsel (*Ajuga reptans* L.): wächst kompakter, hat glattrandige Blätter und kerzenförmige Blütenstände aus dunklen, blauvioletten Blüten (nicht giftig).

Fundorte

Gundermann ist ein kleines Kraut, das gern an schattigen Orten wächst. Es kommt im Laubwald oder in Gärten vor. Dort kann man Gundermann oft an verschwiegenen Stellen finden, wo er an einem langen Ausläufer regelmäßig senkrechte Stängel nach oben wachsen lässt, die durch ihre aparten lila Blüten auffallen.

Ernte

Junge Blätter und Blüten von März bis August

Nutzung

Gundermann ist sehr intensiv, daher sparsam verwenden.
Er eignet sich z. B. als Zutat zum Kräutersalz (ein paar aromatische getrocknete Kräuter in Tafelsalz geben und mörsern – schmeckt gut zum Frühstücksei), in geringer Menge roh in Salaten, gegart in Suppen und Aufläufen.

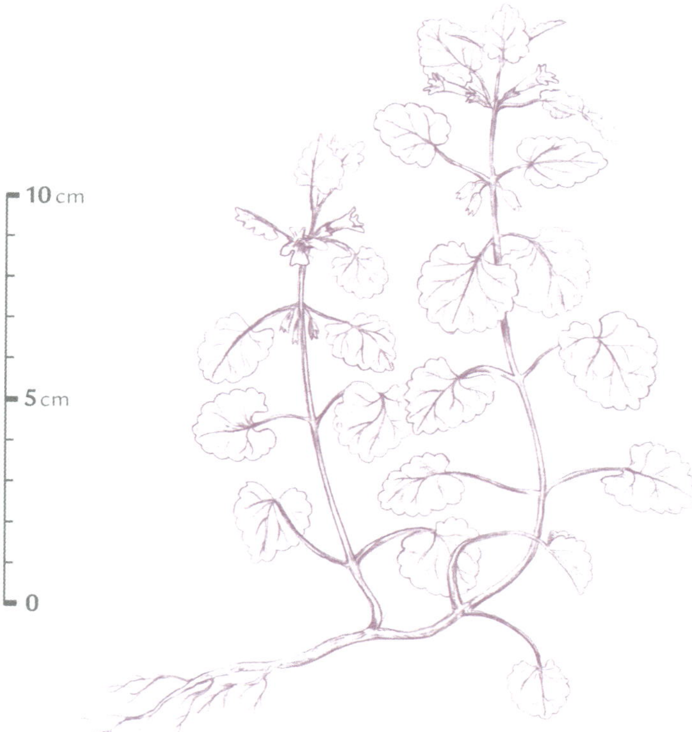

Gundermannstängel mit Blüten

Rezept
Ein Stängel Gundermann gibt der GIERSCHLIMONADE (s. *Hamburgs Wilde Küche*, S. 15) eine besonders kräftiges Aroma.

Knoblauchsrauke

Knoblauchhederich

Alliaria petiolata M. BIEB.
Kreuzblütengewächse, *Brassicaceae*

Erkennungsmerkmale

- 20–100 cm hoch
- einjährig, überwinternd
- Blätter hellgrün und zart
- Grundblätter herz- bis nierenförmig, etwas gezähnt
- Blätter am Blütenstängel deutlich herzförmig
- beim Zerreiben nach Knoblauch riechend
- blüht in lockerer Traube, weiß
- Blütezeit April bis Juni

Fundorte

Knoblauchsrauke wächst auf nährstoffreichem Boden, gern am Weges- und Waldrand. In Hamburg findet man sie an vielen Wegrändern, auch in Parks. Beim Sammeln sollte man darauf achten, dass dort nicht regelmäßig Hunde spazieren geführt werden.
Ihre weißen Blüten und natürlich ihre Verwendung in der Wilden Küche machen die Knoblauchsrauke auch zu einer attraktiven Pflanze für eine Gartenecke.

Ernte

Die Grundblätter kann man ab März, Stängelblätter und Blüten bis Mai/Juni ernten. Evtl. kann man noch einmal im Sommer Grundblätter pflücken, die dann jedoch deutlich weniger aromatisch sind.

Nutzung

Die Knoblauchsrauke sollte wegen ihrer zarten Blätter in keinem Frühlingssalat fehlen. Auch Dipps und Nussmuse, Suppen und Aufläufe können mit der Knoblauchsrauke zubereitet werden. Sie verleiht ihnen eine pfiffige Note.

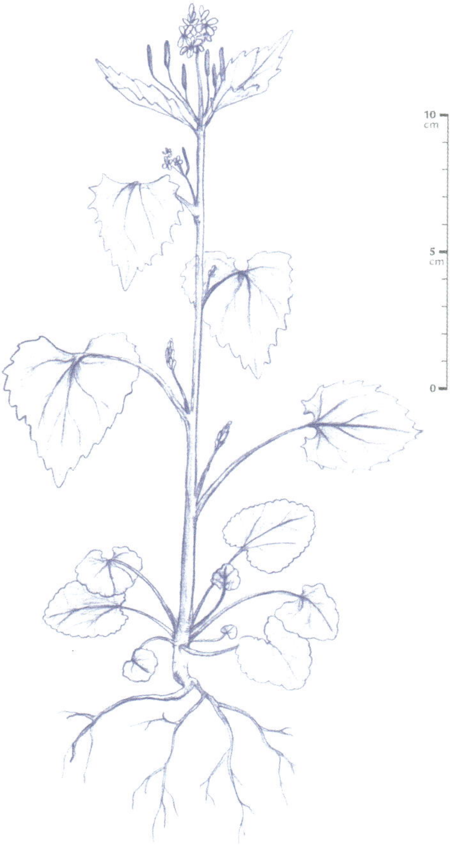

Knoblauchsrauke mit Stängelblättern

Knoblauchsrauke mit Grundblättern

Rezept

Als sättigenden Salat auf einem Buffet oder als Hauptgang zum Mitnehmen empfehlen wir unseren WILDEN LINSENSALAT (s. *Hamburgs Wilde Küche*, S. 100), der durch die Knoblauchsrauke ein gutes Aroma bekommt – ohne den anschließenden Mundgeruch vom echten Knoblauch.

Vogelmiere

Vogel-Sternmiere

Stellaria media (L.) MILL
Nelkengewächse, *Caryophyllaceae*

Erkennungsmerkmale

- einjährige, überwinternde krautige Pflanze, die meist liegend wächst
- 3–40 cm lang
- Blättchen hellgrün und eiförmig-spitz, gegenständig
- eine feine Haarleiste am Stängel
- ganze Pflanze zart und saftig, man kann sie mit Stiel und Blättern verwenden
- Blüte mit zarten weißen Blütenblättern in Einzelblüten
- Blütezeit ganzjährig, wenn es nicht friert

Fundorte

Die zarte Vogelmiere ist ein durchsetzungsfähiger Pionier. Auf nackter Erde von Äckern und in Blumenbeeten liegen ihre Stängel zwischen den »gepflanzten Kollegen«. Sie fällt erst dann richtig auf, wenn die Pflanze schon einen Durchmesser von 10–20 cm hat. Sie ist aber leicht zu ernten – einfach die Wurzel in der Mitte der Stängel aus der Erde ziehen und »Guten Appetit«.

Ernte

Junge Pflanzen von März bis in den Herbst

Nutzung

Der zarte, maisähnliche Geschmack passt gut zu Wildkräuter - salaten oder Smoothies.

Rezept

Da die Vogelmiere zeitig nach dem Winter zu wachsen beginnt, kann man im Frühjahr seinen Vitaminbedarf gut mit GRÜNEN SMOOTHIES decken (s. *Hamburgs Wilde Küche*, S. 68).

Vogelmiere-Stängel
mit Blüte

Brennnessel

Junge Brennnesselpflanze

Große Brennnessel

Lamium spec.

Brennnesselgewächse, *Urticaceae*

Erkennungsmerkmale

- 30–150 cm hoch
- ausdauernd
- mit aufrechtem, unverzweigten Stängel
- Blätter sitzen sich am Stängel paarweise gegenüber
- Blätter länglich herzförmig, Blattrand grob gesägt
- Blüten unauffällig grün
- Blütezeit Juli bis Oktober
- besitzt Brennhaare, die die Haut reizen

Verwechslungsgefahr

Kleine Brennnessel (*Urtica urens* L.): kleiner, sonst ähnlich; kommt manchmal in Gärten vor; kann genauso verwendet werden. Verschiedene **Taubnessel-Arten** (*Lamium spec.* L.): Diese haben größere bunte Blüten, keine Brennhaare. Blüten und Blätter sind ebenfalls essbar.

Fundorte

Die Brennnessel ist eine Zeigerpflanze für gut gedüngte Flächen. Besonders an Wegrändern und auf Weiden wächst sie gern. Für den Verzehr empfiehlt es sich, darauf zu achten, dass die Düngung weder durch Gülle noch durch spazierengehende Hunde erfolgte. Es ist nicht nur für das Kochen mit Brennnesseln gut, sie im Garten in einem Eckchen zu tolerieren – es profitieren auch noch ein paar Schmetterlinge davon, die sie ebenfalls gerne mögen.

Ernte

Junge Blätter und Triebspitzen können vom zeitigen Frühjahr an geerntet werden. Die Haupterntezeit ist April bis Juni. Wenn Brennnesseln gemäht wurden, kann man auch später im Jahr den frischen Austrieb ernten.

Brennnessel in Blüte

Rezept
Der fruchtig-nussige BRENNNESSEL-LIMETTENKUCHEN ist eine Bereicherung für jede Kaffeetafel im Frühling (s. *Hamburgs Wilde Küche,* S. 89).

Es empfiehlt sich die Ernte und Verarbeitung mit Handschuhen, da die Brennhaare ziemlich unangenehm sind.
Giftigkeit: hautreizend.

Nutzung

Roh sehr (!) fein gehackt in Salaten oder püriert in Smoothies; gegart in Suppen, Aufläufen, Eintöpfen und Gebäck.

Cardamine

Behaartes oder Viermänniges Schaumkraut

Cardamine hirsuta L.

Kreuzblütengewächse, *Brassicaceae*

Erkennungsmerkmale

- 7–30 cm hoch (im Winter eher 5 cm)
- einjährige Pflanze
- Grundblätter in Rosette, Blätter mit 7 Teilblättchen, glatt, unterseits zerstreut behaart
- Blüten weiß, 5–8 mm lange Schoten als Früchte
- Blütezeit März bis Mai
- meist 4 Staubblätter
- schmeckt nach Rettich

Verwechslungsgefahr

Verschiedene Kreuzblütengewächse können ähnlich aussehen, sind aber alle nicht giftig.

Fundorte

Dieses kleine Schaumkraut fällt besonders im milden Winter und zeitigen Frühjahr in den kahlen Beeten des Gartens und in Parks auf, denn dann ist es der Konkurrenz zu kalt, während die Cardamine die frostfreie Zeit zum Wachsen nutzt.

Ernte

Besonders im Spätherbst, milden Winter und zeitigen Frühjahr

Nutzung

Die Cardamine bietet die Chance, auch im Winter ein paar Wildkräuter zu sammeln. Der Geschmack ist kresseartig kräftig und gut zum Würzen geeignet. Cardaminen-Blättchen eignen sich mit anderen Kräutern für Salate, Dipps und Suppen.

Rezept

Der milde Geschmack von Ziegenfrischkäse passt exzellent zum kräftigen der CARDAMINEN-KÄSE-CREME (*s. Hamburgs Wilde Küche,* S. 24). Das macht ein winterliches Pellkartoffelgericht noch viel interessanter.

Cardamine mitBlüten und Schoten (o.)
Grundblätterrosette der Cardamine (li.)

Giersch

Dreifuß, Geißkraut

Aegopodium podagraria L.
Doldengewächse, *Apiaceae*

Junges Gierschblatt

Erkennungsmerkmale

- 30–60 cm hoch
- ausdauernd, bildet Ausläufer
- Blätter dreiteilig (meist am Blattgrund 2 x 2 Teilblättchen, an der Spitze des Blattes 3 Teilblättchen), frisch-grün
- Teilblättchen gesägt
- Blütenstängel hohl
- Blüten in zusammengesetzten flachen Dolden, weiß
- Blütezeit Juni bis Juli

Verwechslungsgefahr

Es gibt einige ähnliche Doldenblütengewächse, die man nicht essen sollte, z.B. **Hundspetersilie** (*Aethusa cynapium* L., giftig!) und **Gefleckter Schierling** (*Conium maculatum* L., giftig!). Auf die Blätter achten!

Fundorte

Giersch ist eines der bekanntesten unerwünschten Kräuter im Garten. Er ist mit seinen Ausläufern sehr widerstandsfähig gegen Versuche, ihn auszurotten. Auch an sonnigen Weg- und Waldrändern kann man im Sommer seine hübschen weißen Blüten entdecken. Wir empfehlen Gärtnern: aufessen! (oder: häufig mähen oder mit anderen wüchsigen Pflanzen zum Gegenangriff übergehen).

Ernte

Junge zartgrüne, noch glänzende Blätter erntet man von April bis Mai, Neuaustrieb nach Mahd auch später im Jahr.

Giersch in Blüte
Ausgewachsenes Gierschblatt

Nutzung

Giersch ist eine sehr häufig vorkommende Pflanze, die man auch in größerer Menge – frisch oder gegart – verarbeiten kann. Giersch eignet sich für Salate, Suppen, Eintöpfe und Aufläufe, als Zutat für Nussmuse, Smoothies und Lassis.

Rezept

Wir verarbeiten die jungen, noch gefalteten glänzenden Blätter in frischen WILDKRÄUTERSALATEN, wie z.B. dem WILDEN SPITZKOHLSALAT (s. S. 60).

Löwenzahn

Taraxacum officinale WEB.
Korbblütengewächse, *Asteraceae*

Löwenzahnblüte

Erkennungsmerkmale

- bis 50 cm hoch
- ausdauernde Pflanze mit tiefer Pfahlwurzel
- Milchsaft
- Blätter in grundständiger Rosette, tief eingeschnitten, gezähnt
- Blütezeit April bis Juli
- Blütenköpfe einzeln am Stängel, mit gelben Zungenblüten
- Blütenstängel hohl
- Samen in hohl-kugeliger »Pusteblume«

Verwechslungsgefahr

Andere gelbe Korbblütengewächse sehen ähnlich aus, auf Milchsaft und hohlen Blütenstängel mit nur jeweils einer Blüte achten.

Fundorte

Löwenzahn kann man selbst mitten in der Stadt in vielen Pflasterritzen bestaunen. Er braucht Licht, gute Nährstoffverhältnisse und natürlich ausreichend Wasser. Zum Sammeln eignen sich aber eher extensiv bewirtschaftete Wiesen, wo keine Hunde spazieren geführt werden und kein Autoverkehr seine Schadstoffe ablagert. In vielen Gärten wächst er auch gern, wenn der Gärtner es zulässt.

Ernte

Junge zartgrüne Blätter werden von März bis Mai gepflückt, Blütenköpfe im Mai, Neuaustrieb nach Mahd auch später im Jahr.

Nutzung

Der Löwenzahn ist eine sehr häufige Pflanze, die in vergleichbaren Klimazonen überall auf der Welt vorkommt. Die Blätter lassen sich hervorragend in Salaten verwenden; die Blütenblätter eignen sich, um Butter gelb zu färben oder für eine köstliche Marmelade bzw. ein Gelee.

Löwenzahnfruchtstand »Pusteblume«

Löwenzahnblattrosette

Rezept

LÖWENZAHNBLÜTEN-ORANGENMARMELADE: Zungenblüten von ca. 30 voll aufgeblühten Blütenköpfen zupfen, zu 700 ml Orangensaft geben. Mit Gelierzucker 2:1 zu Gelee kochen. Schmeckt wie sehr milde englische Orangenmarmelade.

Doppelgänger

Bärlauch

Allium ursinum L.
Liliengewächse, *Liliaceae*

Bärlauchpflanze

Erkennungsmerkmale

- 20–50 cm hoch
- ausdauernd
- ein oder mehrere Blätter und eine Blüte aus einer Zwiebel
- Blatt deutlich gestielt, am Stängel herablaufend
- Blätter fühlen sich »saftig« an (nicht ledrig wie Maiglöckchen)
- duftet intensiv nach Knoblauch
- Blüten rein weiß, im Büschel aus einem Punkt am Stiel
- Blütezeit Mai bis Juni

Verwechslungsgefahr

Maiglöckchen *(Convallaria majalis* L. giftig!*)*: kommen später als der Bärlauch mit gerollten Blättern aus der Erde, Blatt ledrig, schmaler Stiel erweitert sich zu breitem Blatt, s. S. 26.
Herbstzeitlose *(Colchicum autumnale* L. giftig!*)*: Blatt breit, ohne erkennbaren Stiel, mehrere breite Blätter aus einer Pflanze, s. S. 27.

Fundorte

Der Bärlauch wächst gern an Orten, die im Laufe des Jahres beschattet und nur im zeitigen Frühjahr besonnt sind. Daher findet man ihn in der Natur häufig in feuchten Laubwäldern. Im Garten kann man ihn unter Büschen oder im Schattenbereich von Laubhecken pflanzen.

Ernte

Blätter vor der Blüte, März / April.

Nutzung

Salat, Bärenbutter (wie Knoblauchbutter), Lassi; Bärlauch-Nussmuse

Bärlauchblüten
Bärlauchblätter vor der Blüte

Rezept
Wie wäre es mal mit einem kräftigen BÄRLAUCH-KRÄUTERDIPP zu Gemüsesticks oder gebackenen Kartoffelspalten (S. 58)?

Maiglöckchen u. Herbstzeitlose

Maiglöckchen

Giftig!

Convallaria majalis L.
Liliengewächse, *Liliaceae*

Erkennungsmerkmale

- ausdauernd mit kriechendem Wurzelstock
- elliptisch-lanzettliche Blätter
- meist 2 Blätter kommen zusammengerollt aus der Erde
- Blätter fühlen sich eher ledrig an
- kleine weiße, glockenförmige Blüten, aufsteigend am Blütenstängel
- Blütezeit: Mai bis Juni

Verwechslungsgefahr

Bärlauch *(Allium ursinum* L.*):* Blätter saftig und zart, riechen stark nach Knoblauch

Fundorte

Trockene Nadel- oder Laubwälder, Gärten und Parks

Giftigkeit und Giftwirkung

Sehr stark giftig +++

Maiglöckchen junge Pflanzen (o.)
Maiglöckchen kurz vor der Blüte (r.)

Herbstzeitlose Giftig!

Colchicum autumnale L.
Liliengewächse, *Liliaceae*

Erkennungsmerkmale

- ausdauernd
- 5–40 cm hoch
- ledrig-stabile Blätter, breit lanzettlich, hellgrün, kein Blattstiel erkennbar
- Blätter erscheinen im Frühjahr mit Fruchtkapsel in der Mitte
- blüht im Herbst, wenn die Blätter verschwunden sind, Blüte krokusartig

Verwechslungsgefahr

Bärlauch *(Allium ursinum* L.*)*: riecht stark nach Knoblauch und hat einen deutlich erkennbaren, langen, schmalen Blattstiel, der sich bis zum Blatt verbreitert.

Fundorte

Bei uns in Norddeutschland kommt die Herbstzeitlose meist in Gärten vor, wo sie gepflanzt wurde; in Süddeutschland gibt es sie auch wild auf feuchten Wiesen.

Giftigkeit und Giftwirkung

Sehr stark giftig +++, Zellgift, Wirkung tritt oft erst nach 2–6 Std. auf.

Herbstzeitlosenblätter im Frühling

Herbstzeitlosenblüten im Herbst

Beinwell

Symphytum officinale L.
Boretschgewächse, *Boraginaceae*

Beinwellblüten

Erkennungsmerkmale

- 30–100 cm hoch
- ausdauernd
- Blätter breit lanzettlich, immer spitz zulaufend, rauhaarig, am Stängel bis zum nächsten Blatt herablaufend
- Blüten am aufgerollten Blütenstand nach und nach erscheinend, dabei oftmals die Farbe wechselnd, von rosa bis blauviolett, oder gelblichweiß, glockig nickend
- Blütezeit Mai bis Juli

Verwechslungsgefahr

Fingerhut (*Digitalis purpurea* L. giftig!): Blätter weichfilzig, eher runder, Spitze der Blätter nicht so ausgeprägt

Fundorte

Üppige Beinwellpflanzen findet man an Gewässerrändern und auf feuchten Wiesen. Die kräftigen blattreichen Stauden mit den eingerollten Blütenständen, die nur nach und nach ihre Knospen öffnen, sind nur schwer zu übersehen.

Ernte

Junge Blätter ab Ende April

Nutzung

Beinwell enthält Pyrrolizidinalkaloide. Von einem Verzehr in großer Menge oder über einen längeren Zeitraum wird daher abgeraten.
Klein gehackt verwendet man Beinwell in Aufläufen und Eintöpfen.

Beinwell in Blüte

Beinwellblätter

Rezept
Unsere BEINWELLBRATLINGE (s. *Hamburgs Wilde Küche,* S. 61) empfehlen wir immer dann, wenn im Sommer noch was lecker Gebratenes mit auf den Teller soll.

Fingerhut

Giftig!

Digitalis purpurea L.
Wegerichgewächse, *Plantaginaceae*

Erkennungsmerkmale

- 30–150 cm hoch
- meist zweijährig
- Blätter eiförmig bis lanzettlich, gekerbt und runzlig, unterseits mit grauem Filz, weich
- Blüte weiß bis pink, innen rot gefleckt, an einer Seite eines langen Blütenstiels sitzend und nach und nach aufblühend;
- Blüten groß genug für große Hummeln
- Blütezeit Juni bis August

Verwechslungsgefahr

Beinwell *(Symphytum officinale* L.*)*: Blattspitze sehr ausgeprägt, Blätter rauhaarig, kratzig

Fundorte

Der Fingerhut ist eigentlich typisch für lichte Stellen im Wald, aber er findet ähnliche Bedingungen auch an Wegrändern. Wegen seiner wunderschönen Blüten und der dicken Hummeln, die sie besuchen, wird er auch in vielen Gärten angepflanzt.

Giftigkeit und Giftwirkung

Sehr stark giftig+++, Herzwirkung

Fingerhutblüten (l.); Fingerhutblätter (u.)

Basilikum

Basilikumblüten

Ocimum basilicum L.
Lippenblütengewächse, *Lamiaceae*

Erkennungsmerkmale

- einjährige Pflanze, 20–45 cm hoch
- aromatisch duftend
- Blätter eiförmig, mit Stiel, hellgrün, zart
- Blätter stehen sich immer zu zweit am Stängel gegenüber
- Blüten in Wirteln am Blütenstängel, weiß

Verwechslungsgefahr
Andere Basilikum-Sorten, die ebenfalls essbar sind

Fundorte

Das großblättrige Basilikum kann man das ganze Jahr über im Töpfchen in Gärtnereien und Gemüseabteilungen der Supermärkte kaufen. Wer ihm aber ab Mai einen größeren Topf mit fruchtbarer Erde und einen warmen, nicht zu sonnigen Platz im Garten spendiert, kann sich bis zum Spätsommer auf eine reiche, aromatische Ernte freuen. Achtung: sparsam gießen.

Ernte

Von Mai bis zur Blüte im Spätsommer, danach lässt das Aroma nach.

Nutzung

Wir kennen Basilikum in salzigen Gerichten und zu Tomate-Mozzarella, aber es schmeckt auch großartig zusammen mit Limetten in Desserts. Dort verleiht es dem Nachtisch eine sehr frische, sommerliche Note.

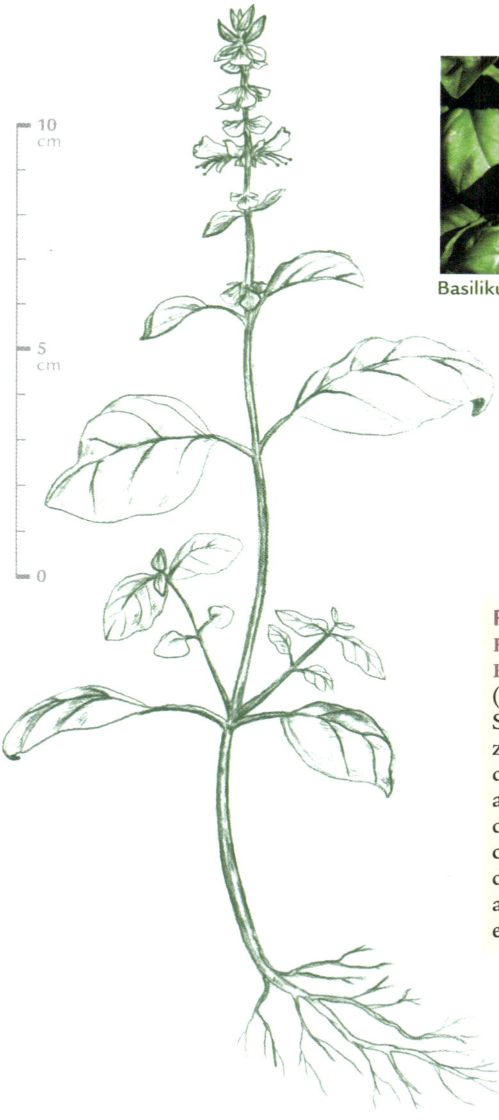

Basilikumblätter

Rezept

KORNELSAUCE AUF BASILIKUMCREME

(s. *Hamburgs Wilde Küche*, S. 87). Dieser Nachtisch zeichnet sich nicht nur durch sein frisches Aroma aus, sondern auch durch die leuchtendrote Farbe der Kornelsauce. Die beiden Komponenten sind aber auch kulinarisch eine Wucht!

Minze

Mentha SPEC.
Lippenblütengewächse, *Lamiaceae*

Erkennungsmerkmale

- ausdauernde krautige Pflanze, 30–70 cm hoch
- Blätter eiförmig, gesägt, sattgrün, zart
- Blüten in Wirteln am Blütenstängel oder endständig sitzend, zartrosa bis blasslila
- Blütezeit Juli bis August
- duftet beim Zerreiben nach Menthol

Verwechslungsgefahr

Andere Minzarten wie z. B. **Nana-Minze** (arabischer Pfefferminztee), **Wasserminze**, **Krause Minze**, **Erdbeerminze** etc.: Der Pfefferminzduft und die Nutzung ist ihnen gemeinsam.

Fundorte

Die Minze, die bei uns in der Natur vorkommt, ist die Wasserminze. Viel aromatischer ist aber die Pfefferminze mit ihren dunklen Blattstielen.
In Gärtnereien wird eine große Anzahl verschiedener Minzsorten angeboten. Mit der Nase sollte man entscheiden, welche einem am besten gefällt. Gärtnertipp: Alle Minzen bilden weiträumige Ausläufer. Es macht daher Sinn, die Pflanze in einem großen Topf zu halten und in jedem Frühjahr zu teilen, damit sie wieder Platz hat.

Ernte

Von Mai bis zur Blüte im Spätsommer, danach lässt das Aroma nach.

Nutzung

Mit Minzen lassen sich herrlich erfrischende Getränke zubereiten – heiß als Tee oder kalt z. B. als Lassi. Auch zum Würzen von Konfitüren und Gelees oder Suppen und Salaten eignen sie sich.

Blühende Krause Minze

Pfefferminzeblätter

Rezept
BROMBEER-HIMBEER-KONFITÜRE
(s. *Hamburgs Wilde Küche*, S. 79). Experimentieren Sie mal mit verschiedenen Kombinationen aus Wild- und Gartenfrüchten und Kräutern in Konfitüren, Essigen und Likören.

Thymianstängel

Thymian

Gemeiner Thymian *Thymus pulegioides* L.
Lippenblütengewächse, *Lamiaceae*

Erkennungsmerkmale

- Zwergstrauch bis 40 cm hoch
- vierkantiger Stängel mit feinen Haarsäumen an den Kanten
- Blätter lineal oder elliptisch, derb
- winzige Blüten, lila bis rosa, mit ausgerandeter Oberlippe (mit Einschnittt an der Spitze) und 3-zipfeliger Unterlippe, ährige Blütenstände in Blattachseln
- Blütezeit Juni bis Oktober
- Blätter riechen beim Zerreiben würzig

Verwechslungsgefahr

Andere Arten wie **Zitronen-**, **Gold**- oder **Orangenthymian**, die genauso verwendet werden können.

Fundorte

Thymian kann man auf Heiden oder in Gärten finden. Im Sommer sind seine Blüten bei Hummeln und Bienen unglaublich beliebt.

Ernte

Blättchen und Blüten von Mai bis in den Herbst

Nutzung

Thymian wird ab dem Frühjahr in vielen Gärtnereien in unterschiedlichen Sorten angeboten: **Zitronen-**, **Gold**- oder **Orangenthymian** etc. Man kann sie alle zum Würzen verwenden.

Rezept

Für die KRÄUTERFLADEN VOM BLECH (s. S. 59) braucht man verschiedene sehr aromatische Kräuter, deren Aromen auch das Backen des Brotes überstehen. Dann bringen sie einen Hauch Mittelmeerküste nach Norddeutschland.

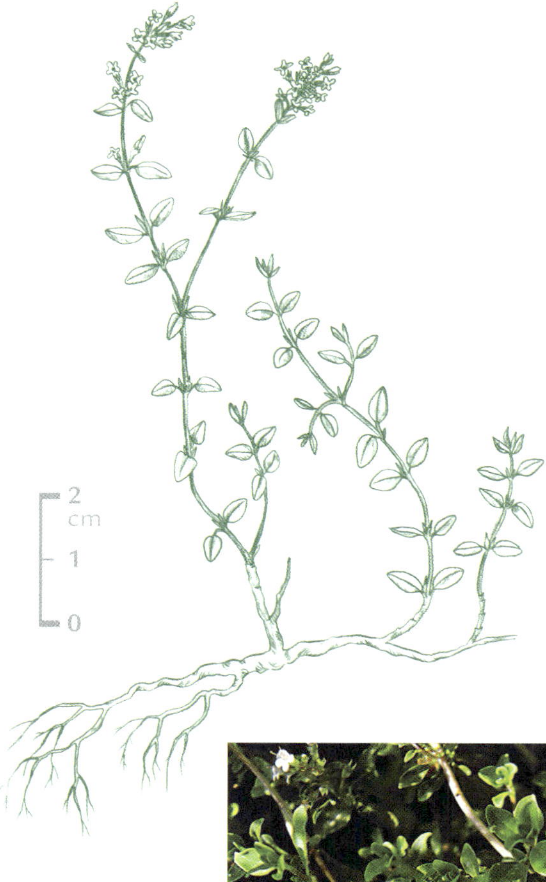

Thymianblüten

Thymianblättchen

Zitronenmelisse

Melissa officinalis L.
Lippenblütengewächse, *Lamiaceae*

Erkennungsmerkmale

- 30–80 cm hoch
- ausdauernde krautige Pflanze
- vierkantiger Stängel mit gegenständigen Blättern
- nach Zitrone duftend
- Blätter eiförmig, gesägt, sattgrün, zart
- Blüten in Wirteln am Blütenstängel sitzend, weiß, gelblich oder blassrosa
- Blütezeit Juni bis August

Fundorte

Die Zitronenmelisse ist eine alte Kulturpflanze und findet sich daher meistens in Gärten. Wer einmal Melisse in seinem Garten hat, wird wahrscheinlich immer wieder eine Pflanze finden, weil sie sich gut mit Samen ausbreitet. So wächst das eine oder andere Exemplar auch in Freiheit – am liebsten auf nährstoffreichen Standorten.

Ernte

Junge Blätter von Mai bis zur Blüte im Spätsommer, danach lässt das Aroma nach.

Nutzung

Zitronenmelisse ist eine bei Kindern sehr beliebte Pflanze, da ihr intensiv zitroniger Duft beim Zerreiben der Blätter an Bonbons erinnert. Kinder sind dann aber meistens etwas enttäuscht, wenn beim Draufbeißen keine Säure zu schmecken ist. Melissenblätter bereichern Getränke, Salate und auch die eine oder andere Süßspeise.

Rezept
Der MELISSEN-EISTEE
(s. *Hamburgs Wilde Küche*, S. 94)
ist ein ausgesprochen frisches Sommergetränk.

Blühende Zitronenmelisse
Zitronenmelisseblüten
Zitronenmelisseblätter

Pimpernelle

Kleiner Wiesenknopf, Kleine Bibernelle

Sanguisorba minor SCOP
Rosengewächse, *Rosaceae*

Blütenköpfchen der Pimpernelle

Erkennungsmerkmale

- 15–60 cm hoch
- ausdauernde krautige Pflanze
- Blätter 10–20 cm lang, mit bis zu 17 gezähnten Teilblättchen
- Blüte ohne Blütenblätter, zu mehreren in kugeligen Köpfchen
- Blüten wirken rötlich durch die roten Narbenbüschel
- Blütezeit Juni bis September

Verwechslungsgefahr

Der **Große Wiesenknopf** (*Sanguisorba officinales* L.) sieht ähnlich aus und ist ebenfalls essbar.

Fundorte

Die wärmeliebende Pimpernelle wächst in Gärten, auf Wiesen und an anderen eher trockenen Standorten. Ihre zarten roten Blütenköpfe und die filigranen Blättchen erkennt nur, wer ganz genau hinsieht.

Ernte

Junge Blätter von März bis Oktober

Nutzung

Die zarten Blätter der Pimpernelle machen sich gut im Wildkräutersalat oder -quark. Sie haben einen leicht nussigen Geschmack.

Rezept

In den bunten WILDKRÄUTERSALAT passt auch die zarte, aromatische Pimpernelle (s. *Hamburgs Wilde Küche*, S. 18)

Pimpernellestängel mit Früchten

Pimpernelleblatt

Rotklee

Wiesenklee

Trifolium pratense L.

Schmetterlingsblütengewächse, *Fabaceae*

Erkennungsmerkmale

- 10–40 cm hoch
- 1–2-jährig, aber auch überwinternd grün und ausdauernd
- Stängel kahl oder dicht angedrückt behaart
- auf Ober- und Unterseite behaarte Blättchen, dreiteilig gefingert und eiförmig bis elliptisch mit rundlichem Grund, glatter Rand
- am Grund der Blätter wachsen eiförmige, an den Spitzen stachelige Nebenblättchen
- Blüten in einem etwa 1,5–3 cm langen, kugelförmigen Blütenstand angeordnet
- Einzelblüten sind violettrot, manchmal hellrot

Verwechslungsgefahr

Andere Kleearten: auf Farbe und Form der Blütenköpfchen achten

Fundorte

Der Rotklee ist durch seine Höhe bei der Blüte und seine krapproten Blüten ein auffälliger Wiesenbewohner. Als Kinder haben wir die Einzelblüten aus dem kugelförmigen Blütenstand gezupft und versucht, den Nektar am Grund auszusaugen.

Ernte

Blüten zwischen April / Mai und Oktober

Nutzung

Durch den Reichtum an Nektar und ihre Farbe sind Rotkleeblüten, die vom Köpfchen gezupft wurden, eine leckere Dekoration auf Salaten.

Rotkleeblütenköpfchen

Rotkleebestand

Sauerampfer

Wiesensauerampfer *Rumex acetosa* L.
Knöterichgewächse, *Polygonaceae*

Erkennungsmerkmale

- 30–50 cm hoch
- Blätter pfeilförmig, mit deutlich erkennbaren Spießecken, untere Blätter gestielt, Stängelblätter sitzend
- sauer schmeckend
- Blüten rötlich, zerstreut an den Blütenstängeln sitzend
- Blütezeit Mai bis Juli ausdauernd

Verwechslungsgefahr

Stumpfblättriger Ampfer (*Rumex obtusifolius* L.): wird wird viel größer; breite Blätter, unten mit abgerundeten Ecken; schmeckt ungenießbar bitter
Kleiner Ampfer (*Rumex acetosella* L.): deutlich kleiner, Blätter auch pfeilförmig, kann ebenso genutzt werden wie Wiesensauerampfer

Fundorte

Im Frühjahr muss man schon akribisch durch die Wiese streifen und nach den pfeilförmigen Blättern Ausschau halten. Wenn der Sauerampfer im Laufe des Frühjahrs seine rötlichen Blüten entwickelt hat, fällt die Suche deutlich leichter.

Ernte

Blätter vor der Blüte, April bis Juni; nach der Mahd evtl. nochmals im Sommer

Nutzung

Wiesensauerampfer kann in großer Menge durch seinen Gehalt an Kaliumoxalat gesundheitsschädlich wirken, Gefährlichkeitsgrad: (+) wenig giftig. – Sauerampfer schmeckt köstlich erfrischend in Wildkräutersalaten und gehört in jeden Frühlingssmoothie. Selbst gegart gibt er sein säuerliches Aroma an Suppen ab.

Sauerampfer:
Stängelblatt und
Blütenstand

Sauerampferblätter
vor der Blüte

Rezept

Das frisch und leicht säuerlich schmeckende SAUERAMPFER-SCHAUMSÜPPCHEN (s. *Hamburgs Wilde Küche*, S. 65) ist eine wunderbare Frühlingssuppe.

Wiesenbärenklau

Heracleum spondylium L.
Doldenblütengewächse, *Apiaceae*

Erkennungsmerkmale

- ausdauernde krautige Pflanze
- 80–150 cm hoch
- wo das Blatt am Stiel ansetzt, Blattscheide bauchig aufgeblasen
- Blätter gefiedert
- Stängel kantig gefurcht, steifhaarig, oft rot überlaufen
- untere Blätter bis 50 cm lang
- Blüten weiß, in Dolden
- Blütezeit Juni bis September

Riesenbärenklau (l.), Wiesenbärenklau (r.)

Verwechslungsgefahr

Riesenbärenklau *(Heracleum mantegazzianum* SOMM. et LIVIER*)*:

- bis 3,5 m hoch, mit am Grunde bis zu 10 cm dickem, rot gesprenkeltem Stängel
- Blätter gefiedert, Einzelblätter zugespitzt
- Blüten weiß, in bis zu 50 cm breiten Dolden
- löst bei Kontakt mit der Haut und gleichzeitiger Sonnenbestrahlung stark juckende Hautentzündungen aus, die z.T. schlecht heilen
- Giftigkeit: giftig+ und hautschädigend

Fundorte

Der Wiesenbärenklau wird erst im späten Frühjahr so richtig auffällig, weil er dann mit seinen großen Blättern andere Pflanzen überragt. Er findet sich auf Wiesen und an Wegrändern gern an feuchten Stellen.

Ernte

Junge Blätter mit Blattstielen von Juni bis Juli

Wiesenbärenklau
Behaarung

Blütenstiel (o.) und Blatt (u.)
vom Wiesenbärenklau

Nutzung

Der Wiesenbärenklau kann eine leichte Wiesendermatitis auslösen, die zu Hautreizungen bei Sonnenlicht führen kann; daher zum Ernten und Verarbeiten am besten Handschuhe tragen.
Giftigkeit: wenig giftig (+), hautreizend.
Die jungen Blätter und noch zarte Blattstiele sollten zerkleinert und gegart werden, dann sind sie als wohlschmeckendes Gemüse mit kräftigem, ganz charakteristischem Geschmack in Saucen, Eintöpfen und Aufläufen zu verwenden.

Rezept

Nudeln geben dem kräftigen Wiesenbärenklau eine gute Basis in den LINGUINI MIT BÄRENKLAU-SAUCE (s. S. 62).

Hopfen

Humulus lupulus L.

Hanfgewächse, *Cannabaceae*

Hopfenranken mit Blättern (l.), junger Spross (r.)

Erkennungsmerkmale

- Stängel sehr rau behaart, windend, 2–6 m hoch kletternd
- ausdauernd
- Pflanze zweihäusig, d.h. männliche u. weibliche Blüten auf unterschiedlichen Pflanzen
- Blätter gegenständig, d.h. immer 2 Blätter sitzen am Stängel gegenüber
- Blätter gelappt (Form ähnlich wie Bergahorn)
- mehrjährig

Verwechslungsgefahr

Zaunrübe (*Bryonia* spec. *giftig!*): auch kletternd, aber mit spiraligen Ranken und deutlich zarter, Blätter klein (6–8 cm), erinnern an Feldahorn, weißer Milchsaft, Stängel glatt.

Fundorte

Der Hopfen kommt in feuchten Wäldern, in Parks und Gärten vor. Am besten merkt man sich im Vorjahr die ausladenden Lianen, die ihre »Kletterbäume« fast unsichtbar machen. Da der Hopfen in jedem Jahr von unten wieder austreibt, haben auch wir Boden - bewohner eine Chance zur Ernte.

Ernte

Triebspitzen mit den ersten Blattpaaren April bis Mai, solange man noch an frische Triebe kommt.

Nutzung

Die allerersten zarten Hopfentriebe können roh in einem frühlingshaften Wildkräutersalat gegessen werden. Später werden sie kurz blanchiert bzw. mariniert und wie Spargel verzehrt.

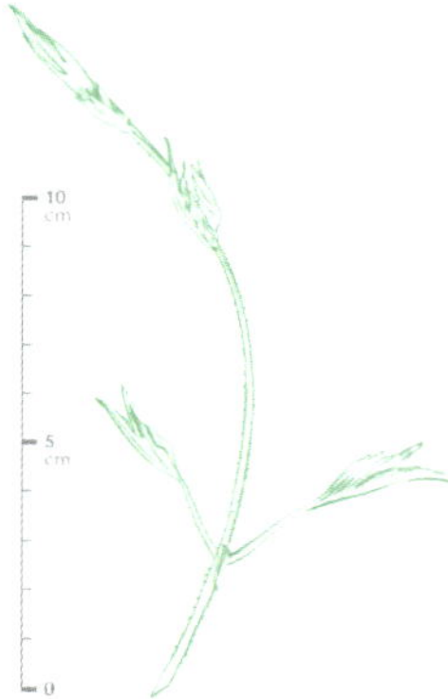

Rezept
HOPFENSPROSSEN
(s. *Hamburgs Wilde Küche*, S. 29) schmecken sehr aromatisch, aber nur leicht herb und sind daher auch bei Kindern beliebt.

Junge Hopfensprosse (vorn), Wiesenbärenklaublatt (hinten)

Linde

Sommerlinde *Tilia platyphyllos* SCOP.
Winterlinde *Tilia cordata* MILL.
Lindengewächse, *Tiliaceae*

Erkennungsmerkmale

- Laubbaum, bis 30 m hoch
- Blätter herzförmig mit deutlichem Stiel u. fein gezähntem Rand
- bei der Sommerlinde Blatt oberseits weich behaart und unterseits in den Nervenwinkeln weißbärtig; bei der Winterlinde Blatt oberseits matt dunkelgrün, unterseits blaugrün
- Früchte zu mehreren an einem langen Stiel mit einem Hochblatt hängend
- Blütezeit Sommerlinde: Juni; Winterlinde: Juni bis Juli

Fundorte

Linden sind sommergrüne Bäume, die gern in Parks und großen Gärten gepflanzt werden. Sie sind anhand der Blattform und oftmals auch am Stockausschlag am Grund des Baumes gut zu erkennen.

Ernte

Junge Blätter ab April/Mai (je nach Monat des Baumaustriebs)

Nutzung

Verwendet werden frisch ausgetriebene Blätter. Junge Lindenblätter isst man am besten frisch in Salaten. Sie haben eine fruchtig-nussige Note. Auch zu einem Frühlingssmoothie passen sie gut.

Rezept

Die Linde ist ein eher mildes Element im BAUMBLÄTTERSALAT, im Gegensatz zur säuerlichen Rotbuche (s. *Hamburgs Wilde Küche*, S. 39).

Stockausschlag
der Linde

Lindenblätter

Junge Lindenblätter (o.)

Rotbuche

Fagus silvatica L.
Buchengewächse, *Fagaceae*

Erkennungsmerkmale

- Laubbaum, bis 40 m hoch
- Borke junger und mittelalter Bäume glatt, grau
- Blätter eiförmig, spitz zulaufend, mit glattem Rand, jung lang gewimpert
- junge Blätter schmecken säuerlich

Verwechslungsgefahr

Hainbuche oder **Weißbuche** (*Carpinus betulus* L.): Blätter mit gesägtem Rand, schmeckt bitter

Fundorte

Die Rotbuche ist der häufigste Laubbaum in deutschen Wäldern. Sie liebt das feucht-gemäßigte Klima und erfreut das Auge mit ihrem typisch »maigrünen« Blattaustrieb. Ein alter Buchenwald erinnert mit seinen hoch aufragenden, silbrig-grau schimmernden Stämmen an eine gotische Kathedrale.

Ernte

April bis Mai beim Austrieb

Nutzung

Roh in Frühlingssalaten und Smoothies

Rezept

Überraschen Sie doch mal Ihre Gäste mit einem BAUMBLÄTTERSALAT (s. *Hamburgs Wilde Küche*, S. 39). Wer weiß schon, dass man junge Buchenblätter essen kann und sie zudem lecker sind?

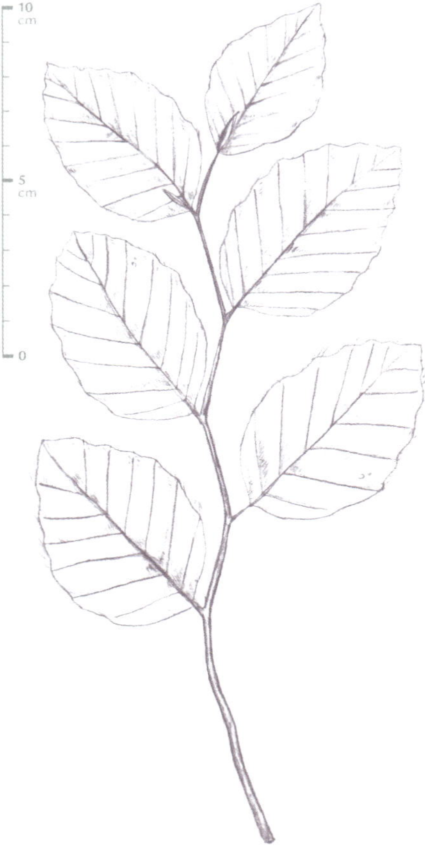

Rotbuchenwald im Mai
Rotbuchenblätter
Rotbuchenkeimling

Waldmeister

Waldmeister

Galium odoratum L.

Rötegewächse, *Rubiaceae*

Erkennungsmerkmale

- 10–20 cm hoch, ausdauernd
- Pflanze rein grün
- welkend oder getrocknet nach Waldmeister riechend
- Blüten weiß, an der Spitze der Pflanze stehend
- Blütezeit Mai bis Juni

Verwechslungsgefahr

Andere Labkrautarten (nicht giftig)

Fundorte

Als typisches Frühlingskraut kommt der Waldmeister in Laubwäldern vor, bevor diese ihre Blätter voll entwickelt haben. Er mag gern feuchte Stellen, lässt sich aber auch im Garten bei guten Wasserbedingungen kultivieren. Wo er vorkommt, bildet er gern üppige Bestände, sofern er nicht durch einen übereifrigen Gärtner gestört wird.

Ernte

Junge Pflanzen von März bis April vor der Blüte; danach die Blüten zur Deko

Nutzung

Waldmeister wird als leicht giftig (+) eingestuft und kann in größeren Mengen Kopfschmerzen auslösen. Daher sollte man pro Liter Flüssigkeit nicht mehr als 3 g frisches Kraut verwenden. Man sollte das Kraut vor der Verwendung mindestens anwelken lassen, damit es sein Aroma entwickelt.
Hängt man die Pflänzchen kopfüber an einem trockenen Ort auf, kann man sich einen Waldmeistervorrat für den Winter anlegen.
Mit Waldmeister lassen sich gut Getränke, Süßspeisen und Gebäck aromatisieren.

Waldmeister vor der Blüte
Waldmeister blühend

Rezept
Während in der Lebensmittelindustrie nur noch künst - liches Waldmeisteraroma verwendet werden darf, ist unsere WALDMEISTER-ORANGEN-CREME (s. *Hamburgs Wilde Küche*, S. 73) ein sehr authentischer Leckerbissen.

Helfer beim Sammeln, in der Küche; Tipps

Helfer beim Sammeln

- Garten- oder Küchenschere, scharfes Messer
- Sammelgefäß: ein Korb oder eine Schüssel bzw. für den längeren Transport eine aufgeblasene, zugeknotete Tüte
- Gummi- oder Gartenhandschuhe: notwendig bei Brennessel und Wiesenbärenklau

Helfer in der Küche

- Mixgeräte/Blender: zur Herstellung von Smoothies, Nussmusen und Pesto
- Edelstahlschüsseln: farbecht und säurestabil
- Wiegemesser

Sammeltipps

- Nur abseits großer Straßen und intensiver Landwirtschaft ernten.
- In Naturschutzgebieten ist das Ernten verboten.
- Wo irgend möglich, frage ich den Besitzer des Bestandes um Erlaubnis.
- Ich richte keinen Schaden an anderen Pflanzen an.
- Hundespazierwege werden gemieden.
- Wenn Löcher in den Blättern anzeigen, dass es tierische Mitinteressenten gibt, lassen wir ihnen den Vortritt und suchen andere Bestände.
- Ich ernte so sparsam, dass der Bestand hinterher keine Lücken hat.

Brennnesselernte

Botanische Fachbegriffe

- zweihäusig: weibliche und männliche Blüten befinden sich auf verschiedenen Pflanzen
- wechselständig: Blätter stehen abwechselnd mal rechts, mal links am Stängel
- gegenständig: Blätter stehen sich am Stängel gegenüber
- endständig: Blüten bzw. Früchte stehen am Ende eines Triebs
- grundständig: Blätter stehen alle unten am Stängel
- unpaarig gefiedert: Blatt besteht aus mehreren kleinen Blättchen an einem Stiel, eins sitzt an der Spitze
- fiederschnittig: Blatt ist mehrmals links und rechts vom Blattstiel tief eingeschnitten
- doppelt gesägt: Blattrand mit großen und dazwischen kleinen Sägezähnchen

Erläuterungen der Giftigkeit

(+) wenig giftig
+ giftig
++ stark giftig (Die Aufnahme geringer Mengen kann zu mittelschweren Vergiftungen führen)
+++ sehr stark giftig (Die Aufnahme geringer Mengen kann zu schweren bis tödlichen Vergiftungen führen).

(Zitiert nach »*Giftpflanzen – Pflanzengifte*«, s. Literaturtipps)

Bärlauch-Kräuterdipp

ZUTATEN:
- 200 g Schmand
- 150 g Joghurt (3,8%)
- 1 EL Senf
- Salz, Pfeffer, Prise Zucker nach Geschmack
- 1 EL kaltgepresstes Öl
- 1 große Handvoll Bärlauch und andere gemischte Wildkräuter (Giersch, Löwenzahn etc.)

ZUBEREITUNG:
- Kräuter waschen, verlesen und klein hacken;
- aus den übrigen Zutaten eine glatte Creme rühren und mit Gewürzen abschmecken;
- Kräuter untermischen, mit einigen Löwenzahnblütenblättern oder Hornveilchenblüten dekorieren und servieren:

Der Dipp passt gut zu Gemüsesticks oder gebackenen Kartoffelspalten.

Kräuterfladen vom Blech

ZUTATEN (für 4 Personen):

Teig

- **500 g Weizen- oder Dinkel-Weißmehl (550er)**
- **ca. 275 ml handwarmes Wasser**
- **½ Würfel Frischhefe**
- **½ EL Zucker**
- **½ TL Salz (wenn nicht mit Salz bestreut werden soll, 1½ flache TL)**
- **5 EL Olivenöl**

Belag

- **1 Knoblauchzehe, etwas Hagelsalz, 4–5 EL Olivenöl**
- **1 Zweig Basilikum und 3 Zweige wilder Majoran oder je 2 Zweige Rosmarin und Thymian oder andere stark aromatische Kräuter (einzeln oder beliebig gemischt)**

Tipp: Statt Hagelsalz kann man auch Tafelsalz verwenden, damit kann besser dosiert werden. Die Fladen am besten direkt aus dem Backofen servieren. Evtl. noch mit einigen Kräuterblüten dekorieren.

ZUBEREITUNG:

- Das Mehl in eine Schüssel geben, in eine Kuhle die Hefe bröckeln und mit Zucker, ca. 150 ml Wasser und etwas Mehl einen Vorteig herstellen. Vorteig gehen lassen, bis er Blasen wirft;
- Salz, Olivenöl und Wasser nach Bedarf zugeben und alle Zutaten zu einem Teig vermengen; gründlich durchkneten;
- die Kräuter putzen, evtl. waschen und trocken schütteln, Blüten von den Trieben trennen. Anschließend die Blättchen von den Stielen zupfen und hacken. Ein Drittel unter den Teig kneten;
- den Teig gehen lassen, bis sich das Volumen deutlich vergrößert hat;
- Knoblauch schälen und in feine Scheiben schneiden;
- den Teig nochmals kräftig durchkneten und 10 Min. ruhen lassen, bis er sich wieder entspannt hat, und dann auf ein Backblech (mit Backpapier) verteilen und ausrollen, mit einer Gabel mehrfach einstechen;
- restliche Kräuter, Knoblauch und Hagelsalz auf dem Teig verteilen, mit Olivenöl beträufeln;
- auf dem Blech ca. 15 Min. gehen lassen;

- Teigfladen bei 200 Grad ca. 20–30 Min. auf mittlerer Schiene goldbraun backen.

Rezept zu: Wilde Herausforderer

Wilder Spitzkohlsalat

ZUTATEN:

- **1 Spitzkohl**
- **2 Handvoll junger Giersch, mit noch glänzenden, leicht gefalteten Blättern, klein gehackt**
- **1 EL gehackter Dill**
- **1 EL Zucker**
- **1–2 TL Salz**
- **etwas weißer Balsamico-Essig (od. Apfelessig…)**
- **etwas Olivenöl**

ZUBEREITUNG:

- Spitzkohl waschen, längs vierteln;
- Strunk entfernen; Stücke in möglichst schmale Streifen schneiden;
- über den klein geschnittenen Kohl Zucker und Salz streuen alles mit den Händen kräftig durchkneten;
- Essig und Öl und etwas Dill nach Geschmack zugeben;
- den Salat noch ein bisschen ziehen lassen; danach erneut mit Salz, Essig und Zucker abschmecken;
- zum Schluss dekorativ die kleingehackten Gierschblätter darunter mischen und darüber verteilen.

Grüne Osterquiche

ZUTATEN
(für 1 große Springform):

- 350 g Dinkel-Vollkornmehl (wenn's geht, frisch gemahlen)
- 4 EL Olivenöl
- 1 Tasse lauwarmes Wasser
- ½ TL Salz
- 1 Prise Rohrzucker
- etwas Butter zum Einfetten der Springform

Füllung

- 4 Hände voll Wildkräuter (Knoblauchsrauke, Bärlauch, Vogelmiere, wenige Blättchen Gundermann, evtl. auch erste zarte Brennnessel- und Löwenzahnblättchen)
- 2 Frühlingszwiebeln
- 1 rote Chilischote (mittelscharf)
- 3 Eier
- 1 Becher Schmand
- 1 TL Salz
- Saft einer ½ Zitrone
- 1 Prise Rohrzucker

Belag

- 100 g Greyerzer (gerieben)
- einige frische Wildkräuterblätter (s. o.) zur Dekoration
- Gänseblümchenblüten für die Dekoration nach dem Backen

ZUBEREITUNG:

Teig

- Mehl, Olivenöl, Wasser, Salz und Zucker rasch zu einem Mürbeteig verkneten;
- rohen Teig abgedeckt mind. 2 Stunden im Kühlschrank ruhen lassen.

Füllung

- Wildkräuter waschen, grobe Stiele entfernen, gut abtropfen lassen und fein hacken;
- Frühlingszwiebel putzen und in dünne Ringe schneiden;
- Chilischote waschen, Kerne entfernen und fein hacken;
- Eier, Schmand, Salz, Zitronensaft und Zucker verrühren;
- gehackte Wildkräuter in die Schmand-Eier-Masse rühren.

Quiche fertig stellen

- Rand und Boden einer Springform mit Butter einfetten;
- mit gut der Hälfte des Teiges den Boden der Springform bedecken;
- aus knapp der Hälfte des Teiges den Rand sowie die Streifen für das Gitter formen;
- die Wildkräuter-Schmand-Masse auf den Teig geben und verstreichen;
- die Teigstreifen als Gitter über die Füllung legen;
- den geriebenen Käse über die Quiche streuen;
- die Quiche bei 175 Grad (Umluft) 45–60 Min. backen, bis der Teig und der Käse oben leicht gebräunt sind;
- die Quiche etwas abkühlen lassen und vorsichtig aus der Form lösen; evtl. mit frischen Kräutern dekorieren.

Linguini mit Wiesenbärenklau-Sauce

ZUTATEN (für 4 Personen):

Sauce:

- **2 Zwiebeln**
- **Olivenöl**
- **3 Hände voll junge Blätter mit Stielen vom Wiesenbärenklau**
- **2 Becher süße Sahne**
- **1 TL Salz**
- **frisch gemahlener Pfeffer**
- **1 TL frisch geriebene Muskatnuss**

Linguini:

- **100 g gehackte Haselnüsse**
- **500 g Linguini**

Tipp: Die Wiesenbärenklau-Blätter sind recht fest in ihrer Konsistenz. Wer es nicht so grob mag und eine feinere Sauce haben möchte, kann diese vor dem Servieren pürieren.

ZUBEREITUNG:

- Zwiebeln schälen und in kleine Würfel schneiden;
- Bärenklau-Blätter mit Stielen säubern und fein hacken, die Stiele in kleine Stückchen schneiden;
- Zwiebeln in einer Pfanne mit Olivenöl bei mittlerer Hitze glasig braten; Bärenklau-Stiele dazugeben und kurz anschmoren; Sahne dazugießen und die Bärenklau-Blätter hineingeben;
- zum Schluss mit Salz, Pfeffer und Muskatnuss abschmecken;
- in einer weiteren Pfanne die gehackten Haselnüsse ohne Fett unter Rühren hellbraun rösten und zur Seite stellen;
- reichlich Wasser aufsetzen und salzen. In das sprudelnd kochende Salzwasser die Linguini geben und 7–9 Min. kochen.

- Zum Anrichten Linguini auf Teller verteilen, Bärenklau-Sauce darüber verteilen und mit den gerösteten Haselnüssen garnieren.

Literaturtipps

Lüder, R., 2011: »Grundkurs Pflanzenbestimmung – Eine Praxisanleitung für Anfänger und Fortgeschrittene«, Quelle und Meyer
Ein Bestimmungsbuch, in dem die ca. 600 häufigsten Pflanzenarten nach Familien geordnet sind. Farbige Abbildungen erleichtern das Bestimmen.

Mabey, R., 2013: »essbar«, Haupt Verlag, dt. Ausgabe von »Food for Free«
Ein Praxisbuch über Wildpflanzen, Pilze und Muscheln für die Naturküche.

Roth, L. et al., 1994: »Giftpflanzen Pflanzengifte«, nikol-verlag
Dieses Werk ist eigentlich für Pharmazeuten und Mediziner gedacht und äußert sich nach wissenschaftlichen Pflanzennamen sortiert auf 1090 Seiten über die genaue Menge Pflanzenmasse, nach der bestimmte Symptome auftreten. Man kann hier nachlesen, was für Reaktionen bekannt geworden sind. Dazu gibt es jede Menge chemische Formeln etc.

Fleischhauer, S. G., 2008: »Enzyklopädie der essbaren Wildpflanzen«, AT Verlag
Die Enzyklopädie ist ein sehr umfangreiches Nachschlagewerk zu den essbaren Wildpflanzen in ganz Mitteleuropa. Es gibt jeweils eine kurze Beschreibung von 1500 Pflanzen mit Verwendungshinweisen – ein Buch für wissbegierige Fortgeschrittene, ohne Rezepte.

Poppendieck, H.-H. et.al. (Hrsg.), 2011: »Der Hamburger Pflanzenatlas«, Dölling und Galitz Verlag
Wer einen allerersten Eindruck davon braucht, wo die gewünschten Pflanzen in Hamburg ungefähr vorkommen oder auch wie häufig sie in Hamburg sind, für den ist dieses Buch goldrichtig.

Jäger, E. et.al. (Hrsg.), 2013: »Rothmaler – Exkursionsflora von Deutschland, Gefäßpflanzen: Atlasband«, Spektrum Akademischer Verlag
In diesem Pflanzenatlas sind alle Pflanzenarten mit wissenschaftlichen Zeichnungen und Bezeichnungen aufgeführt (keine Landkarten). Weiterhin werden auf die wichtigen Merkmale, an der man diese Pflanze erkennen kann, mit kleinen Pfeilen hingewiesen.

Register

Dank

Wir danken Maria Weninger für die detailgetreuen und liebevoll ausgeführten Zeichnungen und ihre Geduld mit unseren Änderungswünschen. Außerdem finden wir ihre kolorierten Aquarelle unserer Rezepte zum Anbeißen.

Wir danken unserem Verleger, der weiterhin Lust auf wilde Kräuter und Früchte hat. Ebenfalls gilt unser Dank Eberhard Delius, der wieder ein optisch ansprechendes Gesamtkunstwerk geschaffen hat, und Kay Dohnke für das Lektorat sowie die Nähe zum Duden.

Wir danken Dr. Gisela Bertram herzlich für ihren fachlichen Rat. Sollten uns trotzdem botanische Ungenauigkeiten unterlaufen oder Fehler entgangen sein, zeichnen ausschließlich wir dafür verantwortlich.

Wir möchten auch all denjenigen Menschen danken, die uns bereitwillig zum Naschen, Ernten und Fotografieren in ihre Gärten gelassen haben.